Philipp Keiper

**Französische Familiennamen in der Pfalz**

und Französisches im Pfälzer Volksmund

Philipp Keiper

**Französische Familiennamen in der Pfalz**
*und Französisches im Pfälzer Volksmund*

ISBN/EAN: 9783743374218

Hergestellt in Europa, USA, Kanada, Australien, Japan

Cover: Foto ©ninafisch / pixelio.de

Manufactured and distributed by brebook publishing software (www.brebook.com)

Philipp Keiper

**Französische Familiennamen in der Pfalz**

# Französische Familiennamen in der Pfalz

und

# Französisches im Pfälzer Volksmund

von

**Dr. Philipp Keiper**
*k. Gymnasialprofessor.*

---

# Programm

der

## Kgl. Studienanstalt Zweibrücken

zum Schlusse des Studienjahres
1890/91.

---

Zweibrücken.
Buchdruckerei von August Kranzbühler.
1891.

## Vorbemerkungen.

Die vorliegende Gelegenheitsschrift verdankt einem Zufall ihre Entstehung. Der Verfasser, seit Beginn d. J. mit dem Auftrag betraut, die diesjährige wissenschaftliche Beilage zum Jahresbericht des hiesigen Gymnasiums zu liefern, hatte ursprünglich die Absicht, die schon oft behandelte Frage nach der geschichtlichen Glaubwürdigkeit der Κύρου παιδεία Xenophons von neuem in übersichtlich zusammenfassender Weise zu beleuchten und durch verschiedene eigne Beobachtungen, insbesondere auch durch eine genaue Untersuchung der in dieser Schrift vorkommenden persischen Eigennamen, einen kleinen Beitrag zur vollständigen Erledigung dieses anziehenden Themas beizusteuern. Zugleich sollten im Anschluss hieran und in Fortsetzung früherer Studien des Verfassers (vergl. Zweibrücker Gymnasial-Programm von 1882 über die neuentdeckten Cyrus-Inschriften) einige Punkte aus der altorientalischen, bezw. altpersischen Geschichte herausgegriffen und näher erörtert werden. Zu diesem Zweck fing ich an die Cyropädie aufs neue durchzulesen und auf die einschlägigen Stellen mit Berücksichtigung der bereits vorhandenen Spezialschriften ein besonderes Augenmerk zu richten, sowie die in den letzten zehn Jahren auf dem Felde der altmedischen und altpersischen Geschichtsforschung nebst Verwandtem erwachsene Litteratur, soweit sie den von mir früher mit Liebe gepflegten, in den letzten Jahren aber vernachlässigten Studienkreis berührt, durchzuarbeiten; aber bald bemerkte ich deutlich, dass es mir auf keinen Fall gelingen werde, innerhalb der knapp bemessenen Frist meinen Plan zu verwirklichen und die selbstgewählte Aufgabe in einer zweckentsprechenden und mich selbst befriedigenden Weise durchzuführen. Denn es fehlte mir vor allem an der nötigen Zeit, um die erforderlichen Vorstudien zu machen und die Ergebnisse der eigenen Untersuchung soweit ausreifen zu lassen, dass die ganze Darstellung eine feste, in sich geschlossene Form bekäme und zugleich der Abhandlung der innere Zusammenhang sowie eine gewisse Abrundung nicht fehle. Ich entschloss mich daher, die Ausführung dieses Vorhabens auf eine spätere, hoffentlich günstigere Zeit zu verschieben.

Nun galt es, vor Thorschluss rasch einen passenden Ersatz zu beschaffen, damit ich mich der übernommenen Verpflichtung entledigen könne. Da bot sich mir zum Glück ein Stoff, von dem ich erwarten konnte, dass er sich als nicht ganz ungeeignet erweisen werde, den für mich zunächst inbetracht kommenden Zweck zu erfüllen, und der zugleich keine zu hohen Ansprüche an das Mass der Mussestunden stellte, die ich mir von den die Zeit und Kraft des Lehrers stark in Anspruch nehmenden Berufsgeschäften zu erübrigen imstande war. So ist denn der Inhalt der nachfolgenden Seiten als eine Art von Lückenbüsser, als eine notgedrungene Entschädigung für etwas Besseres, das ich anstrebte, aber nicht erreichen konnte, anzusehen, und ich bitte die verehrten Fachgenossen, diesen Umstand beim Durchlesen der kleinen, anspruchslosen Schrift nicht ausser acht zu lassen. Ich bin mir dessen wohl bewusst, dass diese meine Arbeit keinen Anspruch darauf erheben darf, von philologischer Gelehrsamkeit und streng wissenschaftlicher Methode ein Zeugnis abzulegen — hiezu ist der Stoff seiner Natur nach nicht wohl geeignet —, wohl aber werde ich völlig zufrieden gestellt sein, wenn etwa sachkundige Beurteiler mir die Anerkennung nicht ganz versagen, dass ich es an dem zu derartigen Veröffentlichungen in erster Linie erforderlichen Sammelfleiss, sowie an Genauigkeit im einzelnen nicht habe fehlen lassen. Vielleicht wird man auch finden, dass ich, was den zweiten Teil betrifft, im ganzen den Volkssprachgebrauch richtig beobachtet und in mehr als einem Falle die zutreffende Erklärung zuerst gefunden und mitgeteilt habe. Andererseits darf ich wohl hoffen, dass, wenn vorliegende Arbeit nur bei einer kleineren Anzahl von Fachgenossen eine über flüchtiges Durchblättern hinausgehende Beachtung finden sollte, zum Ersatz dafür ein desto grösserer Kreis von gebildeten Landsleuten dem von mir behandelten Gegenstande ein reges Interesse entgegenbringen wird. An alle aber, welche dem Schriftchen, sei es hinter dem Studiertisch oder auch am gewohnten Stammtisch, ihre Aufmerksamkeit zu schenken geneigt sein werden, möchte ich die freundliche Bitte richten, doch ja zu erwägen, dass es gerade bei solchen zum Teil einem historischen Zweck, zum grössern Teil aber der Dialektforschung gewidmeten Arbeiten, wie die vorliegende eine ist, unendlich leichter fällt zu kritisieren als es besser zu machen. Ich darf deshalb wohl meine Leser ersuchen, an kleineren Versehen, an denen es, wie ich mir nicht verhehle, da und dort nicht fehlen wird, nicht mehr Anstoss zu nehmen, als billig ist, vielmehr durch eifrige, zweckdienliche Mitarbeiterschaft meine Bestrebungen zu unterstützen. Diese sind nämlich darauf gerichtet, den vorwürfigen Stoff mit der Zeit in möglichster Vollständigkeit und Genauigkeit zur Darstellung zu bringen, sodass die Schrift in einer allfälligen späteren Gestalt einen gewissen bleibenden Wert gewinnen und zugleich in ihrem zweiten Teile einen brauchbaren Baustein zu einem grösseren Werke darstellen könne: ich meine das **Pfälzische Idiotikon**, welches, in den bewährten Händen des Herrn Oberstudienrates und Gymnasialrektors Dr. **Autenrieth in Nürnberg** liegend, hoffentlich in- nicht allzulanger Zeit an die Öffentlichkeit treten wird.

Zum Schluss sei in diesem Vorwort noch bemerkt, dass ich mit der Anführung von Zitaten und Schriften betr. den zweiten Teil, aus denen über dies und jenes, was in meiner Abhandlung vorkommt, etwas hätte beigebracht werden können, sparsam gewesen bin: ich habe mich hierin auf das Allernotwendigste beschränkt. Es wäre nicht schwer gewesen, durch ausgiebiges Zitieren u. s. w. der Darstellung eine gelehrt scheinende Ausstaffierung zu geben, was ja bekanntlich manche Verfasser derartiger Gelegenheitsschriften mit Vorliebe thun.

Allein der unmittelbare Zweck, den ich verfolgte, erforderte dies meiner Ansicht nach nicht unbedingt; eher war zu befürchten, dass nichtzünftige Leser dadurch von der Teilnahme an den behandelten Dingen vielleicht abgeschreckt würden. Der Kundige aber wird leicht in der Fachlitteratur das Gewünschte nachschlagen und vergleichen können. Zudem möchte ich an dieser Stelle noch hervorheben, dass der von mir bearbeitete Stoff, abgesehen von einzelnen Wörtern und Ausdrücken, die sich bereits bei Schmeller verzeichnet und besprochen finden, also seinem überwiegend grössern Bestandteile nach, vorher noch von niemand im Zusammenhang näher untersucht worden ist.

Es ist demnach ein bisher fast ganz unbebautes Feld, das blosszulegen und zu beackern ich mir zur Aufgabe setzte, und gerade dieser Umstand übt bekanntlich auf allen Gebieten des Wissens einen eigentümlichen Reiz auf den aus, der mit der Absicht des Forschens an einen solchen Gegenstand herantritt.

# I.
# Die französischen Familiennamen in der heutigen Rheinpfalz.

Der Inhalt dieses ersten Teiles meiner Abhandlung besteht im Wesentlichen aus einer mit manchen Ergänzungen und Berichtigungen versehenen Umarbeitung eines früher von mir im „Pfälzischen Museum"[1]) (Monatsschrift für heimatliche Litteratur und Kunst, Geschichte und Volkskunde) veröffentlichten Aufsatzes über den gleichen Gegenstand. Weggelassen sind hier die dort aufgrund näherer Beschäftigung mit französischer Onomatologie angestellten Versuche zur etymologischen Deutung der einzelnen Namen, von denen ja viele als ursprüngliche Gattungsnamen, Vornamen u. ä. leicht durchsichtig sind, während manche andere, ganz wie es z. B. bei der deutschen oder altrömischen Namensforschung der Fall ist, der richtigen Erklärung und Erschliessung des ihnen innewohnenden Sinnes allerlei Schwierigkeiten bereiten. Es erhellt von selbst, dass eine Zusammenstellung und nähere Betrachtung der französischen Familiennamen, die in einem von altersher, kurze Unterbrechungen abgerechnet, deutschen, d. h. von einer deutsch redenden Bevölkerung bewohnten, zu einem deutschen Staate, bezw. zum deutschen Reiche von jeher zugehörigen Lande, — wie es die jetzige Rheinpfalz, bezw. die frühere Kurpfalz, das Herzogtum Zweibrücken nebst den zahlreichen andern grössern und kleinern Herrschaftsgebieten, war und ist, — früher vorhanden waren und jetzt noch fortbestehen, ein wissenschaftliches Interesse hauptsächlich nach zwei Seiten zu erwecken geeignet ist:

---

[1]) I. und II. Jahrgang: 1884 Nr. 5, 7, 8, 9 und 1885: Nr. 7 (früher in Neustadt a. H., jetzt in Kaiserslautern erscheinend, Redakteur: Subrektor *Dr. Schmitt* in Edenkoben).

nach der geschichtlichen und nach der sprachwissenschaftlichen Seite. Das Gleiche lässt sich von allen nicht der grossen Mehrheit einer Nation oder eines Stammes angehörigen Personen-, Familien- und Ortsnamen fremder Sprache behaupten, welche einer Minderheit der Bevölkerung von fremdländischem Ursprung eigen sind oder ehedem waren. Man denke beispielsweise an das französische Element, soweit es in Namen seinen Ausdruck gefunden und seine Spuren hinterlassen hat, inmitten der ursprünglich grösstenteils reindeutschen Lande und Stämme des jetzigen Reichslandes, oder an den ganz beträchtlichen Prozentsatz slawischer Orts-, bezw. Familiennamen (namentlich adeliger Geschlechter, die von Oertlichkeiten hergenommen sind), zum Teil auch Personennamen und anderweitiger in die betreffenden deutschen Volksmundarten übergegangener Sprachreste slawischen Ursprungs, wie sie uns in grosser Masse in früher von Slawen bewohnten, später germanisierten Gebietsteilen des deutschen Reiches entgegentreten, so im bayrischen Ober- und Mittelfranken, in Schlesien, im Königreich und in der Provinz Sachsen, in Pommern, Ostpreussen u. s. w. Man kann mit Recht behaupten, dass die geschichtliche und sprachwissenschaftliche Feststellung und Betrachtung dieser Namen, ihres Aufkommens, ihrer Veränderungen, ihres völligen Schwindens oder Fortdauerns neben den bestimmten Daten der politischen und Kulturgeschichte der betreffenden Länder, wozu selbstverständlich noch manche anderweitige Denkmäler und Beweisstücke kommen, eines der ausgiebigsten und zuverlässigsten Mittel ist, durch welche das gegenseitige Verhältnis der betr. Bevölkerungsminderheit zur Mehrheit und umgekehrt innerhalb eines und desselben Landes mit ursprünglich zweisprachigen Einwohnern sicher erkannt und durch die Jahrhunderte hindurch verfolgt werden kann. Zunächst inbezug auf den äussern Umfang des von dem einen oder andern Stamm besetzten Teiles des gemeinsam bewohnten Gebietes, inbezug auf das Verhältnis der beiderseitigen Kopfzahl, dessen wechselnde Verschiebung, — doch ist nicht zu übersehen,

dass bei genauerem, liebevoll auf das Einzelne und scheinbar
Unbedeutende eingehendem Forschen auch zahlreiche feinere
Züge und Beziehungen nach verschiedenen andern Seiten sich
auffinden lassen. Doch es ist hier nicht am Platz, dies näher
auseinanderzusetzen. Wenden wir den angedeuteten Gesichtspunkt der Betrachtung auf unsern Fall an, so ergibt sich
zunächst für den Historiker im allgemeinen folgendes: Der
Bruchteil der pfälzischen Bevölkerung, welcher aus Frankreich
und den wallonischen Niederlanden und auch aus der französischen Schweiz seinerzeit in die alte Pfalz eingewandert
ist, romanischer Abstammung war und der französischen
Sprache als Muttersprache sich bediente, war zu keiner Zeit
numerisch so bedeutend oder übte, um mich kurz auszudrücken,
eine solche innerliche Assimilationskraft auf die ja weitaus
überwiegende reindeutsche Mehrheit der Landesbevölkerung
aus, dass letztere in ihrem nationalen Wesen, in ihrer Sprache,
Sitte, Denkweise u. s. w. wesentlich von jenem beeinflusst
worden wäre. Nur auf einzelne Seiten des äussern Kulturlebens wurde durch die Eingewanderten in einer augenfälligen, vorteilhaften Weise eingewirkt: Vor allem brachten
die „Wallonen" das in ihrer Heimat auf einer hohen Stufe
stehende Tuchwebergewerbe und andere „nahrhafte" und
nützliche Fabrikationszweige, in denen die Pfälzer noch zurück waren, in die ihnen als Heimstätten angewiesenen Orte
mit und verhalfen denselben hauptsächlich durch ihren Gewerbfleiss zu einem rascheren, erfreulichen Aufschwung, der
leider infolge der zahlreichen Heimsuchungen der Pfalz durch
schwere Kriege im Verlauf des 17. und 18. Jahrhunderts
immer wieder gehemmt wurde. Also, der alteingesessene
Grundstock des Pfälzer Volkes wurde durch die in
verschiedenen Zwischenräumen eingesprengten Häuflein Franzosen nicht tiefgehend berührt, das eigentümliche Wesen des Pfälzers, das nach Riehls[1] bekannter

[1] W. H. Riehl: Die Pfälzer, 1857, S. 105—126. Wäre dem
geistvollen Kulturhistoriker und Volkspsychologen die oben besprochene
Thatsache nahe gelegt worden, so hätte er sicher hierüber eine feinsinnige

Darlegung den „Gegenzug" des fränkischen und alemannischen Charakters und Volkstums zur Grundlage hat, erlitt durch die von Zeit zu Zeit da und dort eingegangene Verbindung mit dem französisch-wallonischen Element keine die Wurzel ergreifende Veränderung, wohl aber — dies zu behaupten hat man guten Grund — hat der Tropfen französischen Blutes, welcher dem Pfälzer Volkskörper dadurch zugeführt wurde, erfrischend und belebend auf diesen eingewirkt. Es wäre eine sehr dankbare, freilich nicht gerade leichte Aufgabe, diese Einflüsse aufgrund eindringender historischer Studien nach allen Seiten näher nachzuweisen und überhaupt zu zeigen, wie sich das fremde Volkselement auf dem Pfälzer Boden, wo es, anfangs wenigstens, ziemlich lokalisiert und an weitergehender Verbreitung gehindert war, entwickelte, welche Wirkungen es entfaltete und wie es sich dem Pfälzertum verhältnismässig schnell amalgamierte, um schliesslich ganz und gar in ihm aufzugehen. Kurz, es wäre die **Geschichte der in die Pfalz eingewanderten Wallonen und Franzosen zu schreiben**. Den meisten Raum würden in derselben natürlich die **Hugenotten-Kolonien** einnehmen, welche namentlich unter dem Schutz des Pfälzer Kurfürsten Friedrich III. und seines edeln Sohnes, des Pfalzgrafen und Administrators Johann Casimir, an verschiedenen Orten der Kurpfalz entstanden, so in St. Lambrecht, Otterberg[1]), Schönau (bei Heidelberg) und Frankenthal. Auch Pfalzgraf und Herzog Johannes I. von Zweibrücken gestattete im Jahre 1593 Reformierten, die ihres Glaubens wegen aus Frankreich und den Niederlanden verjagt worden waren, sich in Annweiler niederzulassen, womit er zugleich die Ab-

Bemerkung hier eingestreut, wie solche gerade in diesem Abschnitte in Fülle niedergelegt sind.

[1]) Über die Einwanderung der 1567 aus Antwerpen ausgewanderten, zuerst von Friedrich III. in dem Kloster Schönau aufgenommenen Wallonen nach Otterberg aufgrund des Vertrages Johann Casimirs, gegeben zu Neustadt 15. Juni 1579, siehe den Bericht über das „Wallonenfest", erstattet von † Pfarrer *Conrad Reiffel*, gedr. zu St. Ingbert bei Demetz, 1879, 8, 34 S. (Dieser Festbericht wurde mir durch die Güte des Herrn Pfarrers Knecht in Otterberg zugestellt.)

sicht verband, den gesunkenen Wohlstand dieser Stadt wieder zu heben.[1]) Ein anerkennenswerter Versuch zu der soeben als wünschenswert bezeichneten Arbeit ist gemacht von dem verdienten Bearbeiter der protestantischen Kirchengeschichte der Pfalz, Herrn Pfarrer Theodor Gümbel.[2]) Ein typisches Bild der Entwicklung einer solchen Wallonenkolonie in der Pfalz [3]) bietet uns die Geschichte derjenigen zu Lambrecht, über welche uns ziemlich reich fliessende Quellen zugebote stehen, namentlich das Zunftbuch der dortigen Tuchweberinnung. Das einschlägige Material ist trefflich verarbeitet in der musterhaften historischen Monographie von Professor Anton Stauber (früher in Speyer, jetzt in Augsburg): „Kloster und Dorf Lambrecht" in den „Mitteilungen des historischen Vereines der Pfalz", IX, S. 49 -227 (1880), besonders von S. 158 an. Ich teile aus dieser Schrift hier folgendes mit: Das aus der Zeit der Regentschaft Johann Casimirs stammende, jetzt noch im Besitz der Gemeinde Lambrecht befindliche wallonische Zunftbuch enthält 160 Namen von jedenfalls gleichzeitig lebenden Zunftgenossen, denen je ein eigenes Blatt in dem Kleinquartbande angewiesen ist, aber „sämtliche Eintragende zeigen sich der französischen Grammatik nicht vollständig mächtig und schreiben die Wörter nach dem Eindrucke, den ihr Ohr empfing". Von 1708 an werden die Aufzeichnungen statt in französischer Sprache in deutscher weitergeführt; die meisten wallonischen Namen verschwinden und grösstenteils nur deutsche füllen von da an die Blätter des Zunftbuches. Von diesen etwa 150—160 französischen Familien-

---

[1]) Näheres bei *Lehmann*, „Geschichte des Herzogtums Zweibrücken" (München 1867) p. 393 und 394. — Die „Geschichte der Stadt Annweiler" von *Dr. Jak. Schlosstein*, 1886, war mir leider nicht mehr zugänglich.

[2]) „Die wallonischen und französischen Kolonien in der Pfalz aus dem 16., 17. und 18. Jahrhundert", Pfälz. Museum 1885, Nr. 9.

[3]) Eine Geschichte der französischen Kolonien in Deutschland, verfasst von *Köhler*, in Gotha bei Perthes erschienen, ist mir nur dem Namen nach bekannt. Ich weiss also nicht, ob in derselben auch die Pfalz berücksichtigt ist.

namen Lambrechts hat sich daselbst nur ein Dutzend bis auf die Gegenwart erhalten, z. B. Botzong. früher Baudeson.[1]) Diese auffällige Verminderung erklärt sich zur Genüge daraus, dass der grösste Teil der in Lambrecht sesshaften wallonischen Familien, durch die Schrecken und Nöten des pfälzischen und spanischen Erbfolgekrieges bedrängt, zur Auswanderung und zur Rückkehr in die frühere Heimat. besonders nach Verviers, bewogen wurde. Ähnlich wie in Lambrecht erging es den eingewanderten Wallonen und Franzosen auch anderwärts: bald, d. h. von der zweiten und dritten Generation nach der erfolgten Niederlassung an, ging die Kenntnis der Muttersprache allmählich verloren; an die Stelle der französisch redenden und lehrenden Prediger und „Schuldiener" (d. h. Volksschullehrer) traten Deutsche, und die französischen Kirchen- und Schulgemeinden gingen ein.[2]) Nach der Aufhebung des Ediktes von Nantes 1685 wandte sich ein Teil der ihr Vaterland verlassenden Hugenotten wieder in die heutige Pfalz, und als unter Ludwig XV. die Dragonaden wieder auflebten, fand anfangs des 18. Jahrhunderts noch einmal ein Zuzug statt. Die Ankömmlinge brachten die Seidenweberei, Strumpfwirkerei und andere nützliche Gewerbszweige in ihre neue Heimat mit und erwiesen sich als rührige, für den ihnen zuteil gewordenen Schutz dankbare Unterthanen. Ich habe mich bemüht, nähere Angaben über die Namen, die Zahl, die Lebensverhältnisse der weiland französischen Kolonisten in Annweiler und Frankenthal zu erhalten aufgrund der Einträge in den Kirchenbüchern und etwaiger anderer Urkunden, leider ohne Erfolg. Denn die Herren, an welche ich mich mit meiner Bitte wandte, bezeigten

---

[1]) Im „Pf. Mus." 1884, S. 34, 35 u. 53, habe ich aufgrund des Verzeichnisses in dem mehrerwähnten Zunftbuch der Tuchmacher-Innung und der Angaben der Grundbesitzbücher der Gemeinde Lambrecht (Dank der Güte des Herrn Stadtschreibers Möser) eine vollständige Liste der Lambrechter Wallonennamen mitgeteilt.

[2]) Näheres über die französisch-reformierte Gemeinde in Annweiler, bezw. ihre Prediger, findet sich in *Crollius'* Oratio de Anvilla, Bip. typ. Petri Hallanzy 1767, p. 80—101. Vgl. unten!

zwar Interesse für die Sache und wollten Nachforschungen anstellen, aber — „der Rest war Schweigen." Die in meinem Heimatsorte Otterberg jetzt noch vorhandenen Wallonennamen habe ich meiner Liste sämtlich einverleibt. Die meisten Familien, die seinerzeit einwanderten, blühen dort noch; im Jahre 1879 (s. ob.!) wurde von denselben ein Gedenkfest anlässlich des 300. Jahrestages der Niederlassung gefeiert. Auch in Kusel siedelten sich französische Protestanten an. Vielleicht tragen diese Zeilen dazu bei, den Eifer für lokalgeschichtliche Forschungen nach dieser Seite hin in den genannten Städten in etwas zu beleben.[1])

Noch schwieriger war es für mich, inbetreff der a n d e r n, zum Teil auch der k a t h o l i s c h e n Konfession angehörigen Familien mit französischen Namen, die zu verschiedenen Zeiten aus verschiedenen Teilen Frankreichs, vereinzelt auch aus der Schweiz, in die heutige Rheinpfalz einwanderten und sich hier ansässig machten, zuverlässige Nachrichten zu erhalten. Was ich hierüber teils durch Mitteilungen anderer, teils durch eigenes Suchen[2]) in Erfahrung bringen konnte, habe ich grösstenteils — es ist im ganzen nicht viel — schon früher a. a. O. bekannt gegeben. Es würde einem Einzelnen grossen Aufwand an Zeit, Mühe und Geld verursachen, über jede pfälzische Familie, die einen französischen Namen

---

[1]) Der Prediger der reformierten Gemeinde französischer Zunge in Frankfurt a. M., Herr Pfarrer Correvon, machte vor einiger Zeit in der Pariser „Revue chrétienne" Mitteilungen über die Hugenottenkolonien in Berlin, Dresden, Nürnberg, Erlangen und Schwabach; leider beschränkt sich meine Kenntnis hievon auf diese kurze Zeitungsnotiz.

Kürzlich richtete der Vorstand des neuerdings ins Leben gerufenen „D e u t s c h e n  H u g e n o t t e n - V e r e i n s" die Bitte an „diejenigen Personen, welche von den um 1685 aus Frankreich um ihres Glaubens willen Geflohenen abstammen und z. Z. einer bestehenden französisch-reformierten Gemeinde nicht angehören", ihren Namen, Stand, Geburtstag und Wohnort dem stellvertretenden Vorsitzenden des Deutschen Hugenotten-Vereins, Herrn Dr. Béringuier, Berlin W 57, Alvenslebenstr. 10, mitzuteilen.

[2]) So benützte ich einen Personalstatus, d. h. „Der Evangelisch Reformirten in der Kurfürstlichen Pfalz bei Rhein äusserliche Kirchenverfassung dieses gegenwärtigen 1779ten Jahres." Gedruckt in Heidelberg bei Joh. Bapt. Wiesen, Univ.-Buchdruckerei, 180 S.

trägt, die erreichbaren historischen Daten über den Zeitpunkt der Einwanderung, den Ort der Niederlassung, die Verzweigung der Familie, über Konfession, Stand, besondere Schicksale und Ähnliches zu erlangen. Und doch wäre dies sehr wünschenswert, um nicht zu sagen, notwendig. Hier kann nur vereinte Bemühung zum Ziele führen: Geistliche und Lehrer, Notare, Richter sowie die Träger der betreffenden Namen selbst könnten durch fleissiges Nachforschen in alten Familienaufzeichnungen und öffentlichen Urkunden jeder Art allmählich diese Lücke möglichst ausfüllen und dem Historiker das nötige Material an die Hand geben. Freilich ist es leider in unserer Zeit fast allenthalben mit dem Interesse für Geschichtliches, mit dem Sinn für Familiengeschichte insbesondere, in den breiten Schichten der bürgerlichen und bäuerlichen Bevölkerung recht schlecht bestellt. Die Meisten können kaum noch den Vornamen und Stand ihres Urgrossvaters angeben. Manche Familienchronik und ähnliche Aufzeichnungen sind auch in den stürmischen Zeitläuften, welche unsere Provinz durchzumachen hatte, spurlos verschwunden. Immerhin könnte noch manche wertvolle Notiz bei eifrigem Suchen ans Licht gezogen werden.

Auf keinen Fall wird man mir bestreiten können, dass eine solche zuverlässige Sammlung familiengeschichtlicher Nachrichten von nicht zu unterschätzendem Werte für die politische, kirchliche und kulturelle Geschichte unserer Heimat vom Ausgang des 16. Jahrhunderts bis zur Gegenwart sein würde. Dies braucht nicht näher auseinander gesetzt zu werden.

Besonders zahlreich finden sich noch französische Namen in L a n d a u vor, was nicht zu verwundern ist, da diese Stadt mehr als 100 Jahre zu Frankreich gehörte, also leicht Zuzug von dort erhielt. Auch in S t e i n w e i l e r und W i n d e n[1])

---

[1]) Um das Jahr 1676 wanderten Flüchtlinge, zumeist Wallonen, in Billigheim, Barbelroth, Dierbach und Winden zu nach *Maurer*, Geschichte der Stadt Bergzabern, 1888, S. 82. M. meint, dass bei der Auswanderung der Protestanten aus Frankreich infolge der Aufhebung des Edikts von

gibt es ziemlich viele. In das Gebiet des Herzogtums Zweibrücken sowie in den Bliesgau sind, wie es scheint, manche französische Lothringer eingewandert. Die letzte Vermehrung der pfälzischen Bevölkerung durch Nationalfranzosen fällt in die Zeit von 1794—1815, während deren die linksrheinische Pfalz unter französischer Herrschaft stand. Von der Wiedervereinigung mit Bayern an bis auf den heutigen Tag sind nur in ganz vereinzelten Fällen Elsässer, Lothringer oder gar Franzosen aus dem eigentlichen Frankreich zugezogen, auch nicht eben viele Träger französischer Namen aus dem übrigen Deutschland. Ich schliesse diese kurze historische Skizze mit der Bemerkung, dass die Nachkommen der eingewanderten Franzosen schon seit geraumer Zeit, seit mehreren Generationen, alles spezifisch Französische in Typus, Sprache, Denk- und Handlungsweise abgestreift haben und in ihrem ganzen Wesen und Thun echte Pfälzer und Deutsche geworden sind.[1] Jetzt erinnert gar nichts mehr an ihren wälschen Ursprung ausser den ererbten Namen. Viele von diesen Familien sind bei uns zu grossem Wohlstand und Ansehen gediehen, und mehr als ein Pfälzer, der einen französischen Namen führt, hat sich auf diesem oder jenem Gebiet rühmlich hervorgethan.

Wie oben bemerkt, auch für den Sprachforscher sind diese Namen von Wichtigkeit: ihre jetzige Aussprache, die orthographischen und phonetischen Veränderungen, welche man im Lauf der Zeit an ihnen vorgenommen hat, das Vorkommen von Varianten, d. h. von verschiedenen Gestalten eines und desselben Namens inbezug auf Laut und Schrift, und Ähnliches bieten Erscheinungen dar, welche unsere

---

Nantes 1685 wenige nach der Pfalz sich gewandt haben, weil diese selbst die schwersten Drangsale zu erdulden hatte.

[1] Vgl. über die Einbusse der Nationalität seitens solcher „Volkssplitter" und vorgeschobener Sprachinseln die treffenden Bemerkungen von Dr. Witte „Deutsche und Keltoromanen in Lothringen nach der Völkerwanderung; die Entstehung des deutschen Sprachgebietes" (Strassburg Heitz 1891) S. 87 u. 88.

Kenntnis von der deutschen Volksetymologie [1]) und den Eigentümlichkeiten der Pfälzer Aussprache in Hinsicht auf gewisse Laute und Lautverbindungen zu erweitern und zu vertiefen geeignet sind. Ich habe auf diese Seite des Gegenstandes näher geachtet und werde die wichtigsten diesbezüglichen Beobachtungen am Ende dieses ersten Hauptteiles zusammenstellen. Die Aussprache der grossen Mehrzahl der französischen Namen, wie sie zur Zeit gang und gäbe ist, stimmt im ganzen mit der französischen überein, wenn man dabei von gewissen Modifikationen, bezw. Ungenauigkeiten und Verschlechterungen, absieht, welche der Durchschnittsaussprache gewisser französischer Vokale, Konsonanten und Lautgruppen seitens der einer korrekten französischen Aussprache nicht oder nicht ganz mächtigen Deutschen im Norden wie im Süden überhaupt anhaften. Wo ich die Aussprache eines Namens nicht sicher ermitteln konnte, habe ich dies durch ? bezeichnet. Wo die Aussprache die regelmässige ist, habe ich nichts angemerkt, z. B. *Adolay*, gespr. Adolä, *d'Alleux* = Dállö u. s. w. Bei allen Namen, bei denen ich dies feststellen konnte, habe ich den Ort, wo sie vorkommen oder früher vorkamen, angegeben; nur bei einer kleinen Minderzahl liessen mich hierin meine Nachforschungen und Aufzeichnungen im Stich. Auf absolute Vollständigkeit macht übrigens mein Ortsverzeichnis keinen Anspruch: diese wäre auch bei der heutzutage infolge der verbesserten Verkehrsmittel, der bestehenden Freizügigkeit und anderer Umstände gegen frühere Zeiten ausserordentlich gesteigerten Verschiebung und Fluktuation der meisten Bevölkerungsschichten schwer zu erreichen. Auch verschlägt dies kaum etwas an dem Zweck, den ich hauptsächlich verfolge. Eine Namen- und Personalstatistik offiziellen Gepräges beabsichtige ich ja nicht zu liefern.

Die Reihenfolge der Namen des nachstehenden Verzeichnisses ist die alphabetische. † *Aubry* früher wall. ref.

---

[1]) Vgl. hierüber das treffliche Buch von *K. G. Andresen: Über deutsche Volksetymologie*, 5. verb. u. verm. Aufl., Heilbronn 1889, von mir angezeigt in den „Bl. f. d. B. G.", München 1891, S. 42—45.

Pfarrer in der Kurpfalz, † *Adolay* Zweibrücken, *Agne*, daneben, der deutschen Aussprache angepasst, *Angne* Breitfurt, Webenheim, Höheinöd, Bergzabern, *Alard* Bliesgau, *Allaire* Landau, *d'Alleux* eine m. W. aus dem jenseitigen Bayern eingewanderte ev. Pfarrersfamilie, *Allmang*, offenbar für Allemand, Gumbsweiler, *Allmaras*? Speyer, *Amourette* Speyer (vgl. L'amour), † *Anthoine* früher Wall. Lambr., jetzt *Antoine* Wo?, *Anderie* (Andrie) Rieschweiler, *André* Sembach, Bergzabern, *Ape* (Apé) Zell,[1]) *Apprederis* St. Ingbert (auch in Deutsch-Lothringen), *Apprell* Wo?, *Arnaud* Landau, *Arras* Kleinbockenheim, Lauterecken, *Aubertin* Lautzkirchen, *Avril* (auch Afril gespr.) Bergzabern, Bobenheim, Dürkheim, Oppau (in Frankreich existiert der Name d'Avril), *Babilon*[2]) Schönau, Zw., *Babilotte* Bliesbrücken, *Ba(a)dé* fr. Moorlautern (vgl. *Pâté* in Deutsch-Lothringen), † *Balbier* hiess ein hochverdienter Seminarinspektor in K'lautern, *Baldé* Godramstein (der Name ist wahrscheinlich deutschen Ursprungs),[3]) *Bally* Feilbingert, früher auch in Landau, *Bambey* Mauschbach, *Banuat* früher Zw., *Barban* Wattenheim, *Barbey* Oberhausen bei Bergzabern, *Barbier* bei Kirchheimbolanden, *Barchet* Fussgönnheim, *Bardon* Harxheim, *Barlang* Dahn (vielleicht identisch mit *Berleong* s. d.!), *Biron*[4]) (n nicht nasaliert) Otterberg Wallon., *Baston* Zw., *Báké*[4]) Germersheim, nur andere

---

[1]) Im Kurpfälz. Status heisst so ein Schuldiener in Alsheim bei Gronau und einer in Edenkoben.

[2]) Ein namhafter Ägyptologe in Paris heisst Erneste Babelon.

[3]) Wenn urfranzösisch, müsste der Name Baudé lauten nach Analogie von Baudry = Balderich, Baudoin = Balduin; doch kann der Name aus Deutschland nach Frankreich gewandert und von da zu uns zurückgekehrt sein. Vgl. die Namengruppe unter Bald, Bold = kühn (Garibald = Garibaldi, d. i. heer-kühn!), in der sich auch *Balde* aus älterem Baldo verzeichnet findet, bei *Andresen*, Die altdeutschen Personennamen in ihrer Entwicklung und Erscheinung als heutige Geschlechtsnamen S. 26 u. 27 (Mainz 1876). Demnach ist Balde wohl als echtdeutscher Name anzusprechen und überhaupt zu berücksichtigen, dass in der Pfalz, wie noch jetzt im Reichslande, vor noch nicht gar langer Zeit die französierende Unsitte herrschte, gutdeutschen Namen durch Setzen eines Accent auf das auslautende e den Anschein franz. Herkunft zu geben, z. B. Schützé für Schütze.

[4]) Mit ' bezeichne ich in Fällen wie hier die betonte Silbe — nicht zu verwechseln mit dem Accentzeichen zur Bezeichnung des e fermé!

Schreibung für *Baqué* Billigheim (vgl. *Pasquay!*), *Baudy*
Eusserthal, *Baudoin* Landau, auch fr. Wall. Lambr., *Bawo*
Pirmasens, *Beaufort* (gespr. Böffor) Dürkheim, fr. e. Notar in
Bergzabern, *Belaire* neben *Bellair*, *Bellaire* Einöd, Bierbach,
*Belle* Speyer, *Benoit* Dellfeld, Zw., *Bérier* und *Berie* Burr-
weiler, *Berleong* Weilerbach (auch *Berlejung* ist mir zu Ge-
sicht gekommen), *Bernard* Zw., *Bernion* Germersheim seit d.
17. Jahrh. (kath.), *Berrang* St. Ingbert und bei Homburg
= *Perrang* (s. d. u. vgl. *Perron!*), *von Besnard* Zw. (s u.
d stumm!) frz. Adelsfamilie an den herzoglichen Hof nach
Zweibrücken gekommen, *Besse*, früher *Bessé*, Kusel, fr. in
Bergzabern und Geisselberg, auch in Annweiler, Hornbach
und Zw. vertreten, eine eingewanderte Hugenottenfamilie,
*Bessier* Speyer, Steinweiler, *Betulé* Speyer, *Bevier* Steinweiler,
Winden, *Bickar* Reinheim, d. i. augenscheinlich *Picard* „einer
aus der Pikardie", *Biéchy* fr. Landstuhl, *Biffar* (der Aussprache gemäss) = *Biffard* und *Biffart* Dürkheim, Deidesheim, Mussbach und sonst, *Bijot* Frankenthal, *Bilabel* Hain-
feld, auch in Heidelberg, *Billo* Zw., *Billot* Winden (beide
Formen mögen den nämlichen Namen wiedergeben), *Biron*
Brücken, Dürkheim, *Bisson* Bellheim, *Bissoir* Winzingen, *Bland-
fort* Neuhäusel, *von Blon* Bürger in Waldmohr, früher *de Blon*
(eine Adelsfamilie dieses Namens soll noch in Frankreich
vorkommen — um 1690 gab es einen Handwerker namens
de Blon am Hofe zu Zweibrücken[1]), *Bonnet*, gespr. Bonnett,
Landau, Neustadt, Neukastler Hof bei Leinsweiler, *Bordon*
Hornbach, *Bordonné* und *Bordonnet* an verschiedenen Orten
der Vorderpfalz (vermutlich nur andere Schreibung, die auf
ungenauer Aussprache beruht, für *Portuné*), *Borell*[2]) und
*Borelle* (mit stummem e) Landau, Mussbach[2]), *Bölzong* Tuch-
fabrikant in Lambrecht, Nachkomme eines L. Wallonen, der
sich *Baudeson* schrieb, die Nebenformen *Bolzung*, *Bozung*,
in der Regel *Bossung* gesprochen, vertreten in Enkenbach,

---

[1]) Gütige Mitteilung des Herrn Pfr. Jung dahier.
[2]) Nach dem Kpf. St. gab es 1779 einen Joh. Heinrich Borell,
zweiten Pfarrer zu Wachenheim.

Schallodenbach, Weilerbach, Zw., *Bössle* und *Bösslett* L'hafen und sonst, *Bouchon* Zw., *Bouda* Zw., *Boujoux* Wo?, *Bouquet* L'hafen = in anderer Schreibung *Buque* Landau (gespr. Büggee), *Bourdy* Edesheim, Landau, *Burgey* (auch Burkey?) Dunzweiler, Weisenheim a/S.[1]), *Bourgun* Lemberg, hiemit wohl eins und dasselbe *Bourquin* (jedoch mit umgemodelter Endung *Burgein* gespr.) Billigheim, Ingenheim, Steinweiler, *Boursier* Pirmasens, *Boyé*, gespr. Bójé, in Kirchheimbolanden[2]), Neustadt a. d. H., *Brégeard* Landau, Pirmasens, Speyer, *Brend'amour*, gespr. Brándamur, Försterfamilie, m. W. aus dem jenseitigen Bayern stammend, *Briam* Blieskastel, *Brion*[3]) Kusel, fr. Winnweiler, *Broschard* (d stumm!) Niederauerbach, Zw. = *Broschart* und ursprünglich *Brochard*, Höheinöd, *Brossard* (d stumm!) Oppau, *Bruère* (e stumm!) Wo?, *Brunet* Zw. (t stumm!), *Brunier* Schönau, *Brunion* St. Ingbert, *Budell* Ramstein, *Bussereau* Hambach, Speyer, *Cajar* (j dtsch gespr.) Zw., fr. Dürkheim, *Cámmissar*[4]) Hagenbach, Rheinzabern, fr. ein Lehrer in Kübelberg, *Carbon* Niederauerbach = *Karbon* Neuhemsbach, Hornbach = umgedeutscht *Karbung* Mimbach, *Cárbonnet* (t st.!) Zw., *Carmine* (é) L'hafen, *Carnier* Wachenheim, *Carra* Otterberger Wallonenfamilie, *Carron* Vinningen, *Carin* und *Cawein* Speyer, Landau und Umgegend von Kandel, meist *Káwein* ausgesprochen, *Casparé* Büchelberg, *Catholy* Wo?, *Catoir*[5]) Dürkheim, Neustadt, Grünstadt und sonst (neben der Aussprache Gádoar hört man Gáddor), *Chally* Thierwasemer Hof bei Kirchheimbolanden, *Chandon*, gespr.

[1]) Die Var. *Burgie* schoint auf einem Versehen statt Burgey zu beruhen. — Nachzutragen: *Bourguignon* Pirmasens d. i. „Burgunder".
[2]) Ein Oheim des in Kirchh. verstorbenen pr. Arztes war unter Napoleon I. französischer General.
[3]) Die pfälz. Familie d. N. ist verwandt mit der *elsäss.* Familie *Brion*, die durch *Friederike Brion*, die Sesenheimer Pfarrerstochter, *Goethes* Geliebte, allgemein bekannt ist.
[4]) D. i. *Camisard*. Kamisarden hiessen bekanntlich die französischen Kalvinisten, die, unter Ludwig XIV. in ihrem Glauben bedrängt, in den Sevennen lange tapfern Widerstand leisteten und „die nackte Brust den französischen Marschällen entgegenwarfen".
[5]) So hiess nach dem Kurpf. Status ein Pfarrer zu Bibelnheim, auch Diakonus zu Odernheim, im jetzigen Rheinhessen.

Schándon mit schwach hörbarer Nasalierung, K'lautern, Zw., *Chanier* Mussbach, Dürkheim, *Charpentier* Limbach, Zw., *Chassein* (sicher für urspr. Chassin) Zw. und Bliesgau, *Chateau* L'hafen, *Cherdron* Lambr. und Otterberger Wallonenname, in Ott. noch vertreten und Schéddrung gesprochen, *Cherôme* Wo? (wohl für Jérôme), *Chevalier*[1]) Albersweiler, in deutscher Umschrift *Schwalie* (s. d.!). Schwaljee gespr., *Certain* Speyer, *Ciffar* Niederkirchen bei Dürkheim, *Killet* Pirmasens (urspr. Schr.?), *Clade* Wo?, *Claire* Wo?. *Claussonet* Landau, *Clément* K'lautern, der Name ist mir irgendwo auch in der deutschen Umschrift *Klemany* vorgekommen, *Clior* Neustadt, *Closet*, auch geschr. *Klósett*, K'lautern, Otterberg[2]), *Cnidon* Wo?, *Colla* früher (1764) in Neustadt, *Collet* K'lautern und *Collette* Zw. = *Kollet* Silz, *Colin (Collin)* [*Coulin* fr. Wall. Lambrecht] Landau, = *Collein* fr. Lehrer in Ebernburg, Speyer, Pfr. in Göcklingen = *Colling (Kolling)* Blieskastel, *Collignon* Oppau, *Collingro* und *Kollingkro* Kirrberg, sicher umgemodelt aus *Caulaincourt*[3]), *Kollofang* Wo? (ursprüngliche Form?), *Collot*

---

[1]) Nach dem Kpf. St. gab es zu Wischheim einen Schuldiener und zu Neuerkirch (XX. Inspektion Simmern) einen Pfarrer *Chevallier*. Nach *Maurer* Geschichte der Stadt Bergzabern (Bergz. 1868) S. 82 A. 4 war 1676 franz. Pfarrer in Billigheim Joh. Nik. *Chevallier*, ein Schweizer; dessen Bruder Jacques François Chevallier kam 1679 nach Dierbach und wurde dort für die benachbarten franz. Gemeinden zu Barbelroth, Winden und den Teutschhof Pfarrer. Der erstgenannte wurde 1698 Pfarrer zu Barbelroth.

[2]) In dem oben angezogenen Abschnitt der *Oratio de Anvilla Dip*. 1767, p. 80—101, zählt *Joh. Ph. Crollius*, Rektor und Professor am Gymnasium *Bipontinum* und Assessor des reform. Konsistoriums, der Vater von *Georg Christian Crollius*, die Geistlichen auf, welche der französischen Kirchengemeinde von Annweiler bis zu ihrem durch Geldmangel und andere Ursachen herbeigeführten Ende vorstanden. Der 5. Prediger in dieser Reihe war der aus Frankreich gekommene *Barthol. Clossens (Du Cloux)*, der 6 Jahre daselbst wirkte, etwa bis 1630, dann aber einem Rufe der Wallonischen Gemeinde in Otterberg folgte. Die latinisierte Form des Namens *Du Cloux* lässt auf die Aussprache *Clossé* schliessen, und so kann man wohl einen Zusammenhang zwischen diesem Namen und *Closet* vermuten.

[3]) Bekannt ist der franz. Staatsmann dieses Namens, Herzog von Vicenza, geb. 1772 zu *Caulaincourt* im Dep. Somme, unter Napoléon I. General, von 1807—11 Gesandter in Petersburg, folgte 1812 Napoléon

Neustadt, *Cominator* (ital.?) verheiratet an *Schano* Leistadt, *Commerçon* Altstadt, *Condé, Conde* und *Conte* Seelen, Reipoltskirchen. Zw. (Näheres über den Ursprung der Träger dieses berühmten Namens wäre interessant!), *Conrer* Wo?, *Corbe* (é) Frankenholz, Höchen, Mittelbexbach, wohl nur eine andere Schreibung für *Corbet* Maikammer und *Korbet* Hambach, *Cordier* alte Wallonenfamilie¹), j. noch in Edenkoben, Dürkheimer Thal, Otterberg, Homburg, gespr. *Gordjee*, *Coressel* Hohenecken, wohl aus *Courcelles*, N. e. Dorfes bei Metz, umgeändert. *Corfier* Kleinsteinhausen, *Cornelle* und *Corneille* Landau, Winden, *Cornude*, gespr. *Körnidee²*), *Correll* Neustadt, Zweibrücken und sonst, *Coulon* Pirmasens, *Couret* Landau, *Couturier*, gespr. *Gúdurjee*, Reinheim, fr. Zw., *Croissant* (vgl. lat. *Crescentius — a*!), Edenkoben, Neustadt und sonst an der Hardt; neben der richtigen Aussprache hört man auch *Grassan*, und daher findet man den Namen noch in der Schreibung *Grassant* (Edenkoben), *Crolly* Friedelsheim, schon 1779 war daselbst ein Schuldiener dieses Namens [der latinisierte Name *Crollius*, durch den Rektor *Gymnasii Bipontini* Joh. Phil. *Crollius* und seinen Sohn in weiteren Kreisen bekannt, mag aus *Crolli* oder dem deutschen Namen *Kroll* umgeändert sein]. Der Name *Kruel*, d. i. *cruel* grausam, in Bergzabern, K'lautern, Otterberg, hat eine Nebenform, welche die ungenauere Aussprache ausprägt: *Gróel* (ell) in Otterberg; *Cuny* Kusel, Ungstein. Merkwürdig ist der Name *Kuprion* oder *Kupprion* Neidenfels, Neustadt, daneben *Kupperian* in

---

nach Russland, 1814 und während der hundert Tage Minister des Auswärtigen, † 1827 in Paris.

¹) In der *Oratio de Ancilla* p. 87 wird ein *Cordier*, Pfarrer der Wallonen in Leyden, erwähnt, der den Wohlthäter der unterstützungsbedürftigen wall. Gemeinden in der Pfalz, *Ludwig van (de) Geer*, bewog, der Annweilerer Gemeinde 40 Thaler zu schenken. Ein anderer *Cordier* aus Otterberg, der durch Verwandtschaft in Beziehungen mit Lambrecht stand, richtete nach Stauber a. a. O. infolge eines Rechtshandels unter der Lambrechter Bürgerschaft grosses Wirrsal an.

²) Ein *Marcel Cornude* war der Sohn eines franz. Offiziers in Strassburg; seine Schwester ist verheiratet an einen Gutsbesitzer in Burrweiler. (Mitt. d. Hrn. Subrektor Dr. Schmitt in Edenkoben.)

der Westpfalz.¹) *Dargné* Neustadt, früher *Darhé* geschrieben laut einem Protokollbuch der Neustadter Schützengesellschaft a. d. J. 1764, gespr. *Däckee*, *Dangne* Albisheim a. d. Pfr., vgl. *Angne* neben *Agne*, *Dantrimont* Grünstadt; im Volksmund kann man auch die umgedeutschte Mehrzahlform „die *Dander-männer*" hören, ganz wie der Name des weiland berühmten Grammatikers *Philipp Buttmann* in Berlin aus dem Hugenottennamen *Boutemont* durch Umdeutung entstanden ist. *Dauga* † Zw., *Dawo* Blieskastel, *Day* ? Trulben, *Dedreux* K'lautern, *Deffaa* Roxheim, *Defièbre* Billigheim, *Defong*, gespr. *Déffnk*, Germersheim, *Degont* und *Degott* Ormesheim, *Degro* Ensheim, *Déhaut*, gespr. *Déo*, Homburg, *Dejon* Kirrberg, Reiskirchen, gespr. *Deschung* und *Deschen*, *Delarber* Ramstein, *Delattre* Pirmasens, *Delobelle* Landau, *Delteresse* Landau, *Demeret* und *Demré*, *Demmere* Rodalben, *Demolet* Speyer, *Demontant* Wo?, *ron Denis* Herr †, der bekannte Erbauer der Hauptlinien der Pfälzischen Bahnen, nicht aus Frankreich eingewandert, *Denny* Zw., *Denu* Landau, *Dennell* K'lautern, *Deos* ? Hornbach, *Déprex* Billigheim, (*Deprez* Winden), in anderer Schreibung: *Depré* Rohrbach bei Landau, ohne Accent schon 1758 im Kpf. St. vorkommend, *Debre* Ormesheim, der sehr nahe stehende Name *Dupré*, gespr. und auch geschr. *Düpré* (mit dem Ton auf der vorletzten Silbe) Frankenthal, Speyer, Ixheim, im Kpf. St. *du Pre*, Kirchenrat *cum Voto* geb. z. Nordheim, und *Dupré*, geb. z. Neuhausen

¹) Sicheres über Einwanderung dieser Familie aus Frankreich weiss ich nicht. Wenn man sich an den Namen als solchen hält, so kann man sich des Gedankens nicht erwehren, dass wir es hier mit dem Namen des aus der Sigfriedssage bekannten Riesen *Kuperan* (im Lied von Sigfried) = *Cyprian* bei Reimfried von Braunschweig (vg. den Riesen *Cuppirön* im Wilhelm des Ulrich von Türheim!) zu thun haben, wie ja noch manche mehr oder minder berühmte Namen der altdeutschen Heldensage heutzutage als Familiennamen im Gebrauch sind, z. B. Niebling, Parseval, Thannhäuser (Dannheiser), Hornboge, Ortwein u. a. Obwohl W. Grimm „Die deutsche Heldensage" (3. Aufl. bes. von Reinh. Steig, Gütersloh 1889) S. 89 und 195 davon schweigt, zweifle ich keineswegs, dass, unter Berücksichtigung von *kupper*, mhd. Nebenform von *kupfer (kopfer)*, als das Urbild des Riesennamens der christlich-lateinische Name *Cyprianus* anzusehen ist.

1756, Insp. und Pfr. z. Lamersheim im „Bischthum" Worms, *Deremaux* Billigheim, *Dessoye* ? Schifferstadt, *Detemple* L'hafen, wohl vom Hunsrück[1]) stammend, wo der Name öfter vorkommt, *Detroit* Mundenheim und geschr. *Detroy* Friesenheim, *Dickes* Zw. soll eine Hugenottenfamilie sein, die sich ursprünglich *du Quesne* geschrieben habe[2]), *Didier (Dudier)* öfter, *Didion* Bubenhausen, Contwig, *Diedra* Oberhochstadt, *Diewersy* Rubenheim, *Diffiné* fr. Dürkheim, Pirmasens und *Diffené* Mussbach, *Dirion* Dürkheim, *Disson* Hambach, *Disqué*, gespr. *Dikee*, Knittelsheim, Landau, Speyer, *Divivier* Ramstein, *Dorné* fr. Höheischweiler und Erfweiler, *Dose* Godelhausen. *Dubois* schon im Lambr. Zunftbuch, Landau, ungenauer: *Dibois* Zw. und Umgegend, *Dufren* und *Defren* Mutterstadt, Schauernheim (aus *Dufresne*), *Dumas* Godramstein, *Dumoulin* Burrweiler[3]) (vgl. *von der Mühl*), *Dupernelle*, gespr. *Dübernell*, Annweiler, *Duppe* Kirrberg (frz. oder dtsch.?), *Durand* Landau, *Durby* Landau, *Dursy*, fr. *Doursy* geschr., fr. Zw., j. Strassburg, *Dury* (deutsches u!) Zw., *Dutton* Birkweiler, *Duval* fr. Zw., *Duy* Blieskastel.

Der sonderbare Name *Egalité* in Billigheim erinnert an die Zeit vor nahezu 100 Jahren, wo man in der Pfalz und sonst links des Rheins für die neufränkische „Freiheit, Gleichheit und Brüderlichkeit" schwärmte, jedenfalls ursprünglich ein Spitzname; *Emonts* Waldmohr, *Ehmont* kath. Pfr. in Bergzabern 1835—38, *Esprit* Deidesheim, *Etienne* K'lautern, Speyer, *Erny* frz. oder deutsch? in Dürkheim.

*Fallot* Frankenthal, *Fannier* Dahn, *Farny* Dürkheim, *Fuschan* Bruchweiler, offenbar nach fehlerhafter Aussprache geschrieben für?, *Fassot* Maudach, *Feiniller* ? Speyer, *Fery* St. Ingbert, *Fiack* St. Ingbert, *Firmery* Altheim, St. Ingbert und Rohrbach (Lothr.), *Fledie* ? Pirmasens, *Flory* Ungstein,

---
[1]) Der Hunsrücker Familienname *Donanier* findet sich in der Pfalz nicht; ein pr. Arzt dieses Namens heiratete die Tochter des bekannten Volksschriftstellers W. O(ertel) von Horn.
[2]) Mitt. d. Hrn. Pfr. Jung.
[3]) Eine aus dem Innern Frankreichs stammende geb. *Dumoulin* verheiratete sich an Gutsbesitzer *Wyss* in Burrweiler (Mitt. d. H. Dr. Schmitt).

Zw., *Fonnellier* Zw., *Fonnet* Blieskastel, *Fontagnier* (d. i. *Fontainier* Brunnenmacher-meister). gespr. Fóntanjee, Germersheim, wo der Name seit 1795 vorkommt, auch in der verderbten Aussprache und Schreibung *Fontogné* vorkommend, *Fortuné* (= 1. *Fortunatus*) Pirmasens, *Fournier* Wörth, *Fouquet* Edigheim, Dürkheim, Hütschenhausen, Schifferstadt. *Gachet* bedienstet in Zw., *Gaffga* Eppenbrunn, *Gallé* Otterb. Wallonenfamilie (auf der vorletzten Silbe betont!). in Frankreich *Gallet*, *Gammay* Neustadt, *Ganion*, gespr. *Ganjon* Bruchmühlbach, Gimmeldingen, *Gardé* Grünstadt, *Gardon* Wo?, *Garnier* fr. Frankenthal, ohne Frage nur eine andre Schreibung für *Carnier*, *Gaschott* (= cachot?) Frankenthal, *Gattje* bed. in Asselheim, *Gaufre* Lambr. Wallonenname, der im weiblichen Stamm dort noch vorkommt, *Gemar* (mit dtsch. oder frz. Anlaut?) Winden, *Georget* Winden, *Gérard* Speyer, fr. Lambr. Wall., *Gerdon* Rüdersheim, Schweighofen, *Gerlé* K'lautern, in diesem Jahrh. aus Thüringen eingewandert, in richtiger Schreibung (*Guerle*) im Lambr. Zunftbuch vorkommend, *von Gienanth* s. *Guinand!*, *Gilardin* Pirmasens,[1]) *Gilbrin* ? K'lautern, *Gillet* Bergzabern, fr. Lambr. Wall., gesprochen wie *gilet* „Weste" = Schillee, *Gillot*, gespr. Schillo Bolanden, *Giloy* ? Hochstätten, *Gilory* Marnheim (die Familie stammt aus dem Alsenzthal), *Gimmy* Rheingönnheim (mit deutschem g im Anlaut!), *Gioth* (th stumm?) Albisheim a. d. Pfr., *Girard* Glanmünchweiler, gespr. *Schirrar* (s. d.!), *Godejon*, eine Frau d. N. † 1888 Wo?, *Gollong* Frankweiler, wohl aus *Colon* (Coulon?) umgeändert, *Golsong* Reichenbachsteegen, auch *Golsung*, jedenfalls für urspr. *G(C)olson*, *Goranflot* Winden, *Gonasé* Landau, *Gouthier* und *Gottier*, so heisst ein Bahnmeister — Wo?, in Kreuznach auch vorkommend, im Kpf. Stat. erscheint ein *Gouthier*, Pfr. in Oberdiebach, *Graffion* St. Ingbert, Schnappach, *Gramont* Lambr. Wall., soll im weiblichen Stamm noch vorhanden sein, *Grandjean* Habkirchen

---

[1]) *Gilardon* Speyer u. Hagenau (Elsass), könnte ursprünglich italienisch: *Gilardone*, sein. Auch *Giambey* fr. Zw. sieht dem Anlaut nach mehr wie ein ursprünglich italienischer Name aus.

d. i. *Grotjohann, Grosshans,* vgl. *Lüt-johann, Gross-klos(klaus), Klein-henz* u. ä., *Grand-pair* fr. Nussdorf bei Landau, *Grevé* (gespr. Gréwee) Neustadt, *Gretoire* Wo?, *Grisot* fr. Zw., *Grodé(e)* Frankenthal, *Grogro* Wo? (ein Ökonome d. N. war im März 1889 als Geschworener eingerufen), *Grohe,*[1]) meist ohne Accent auf dem e geschr., Hambach. Neustadt, *Groel* s. *Kruel!*, Landstuhl, Otterberg, *Guerdan* in Annweiler, *Guillemin* Neustadt, Schönau. *Gienanth von* (mit langem i und Ton auf der vorletzten): die freiherrliche Familie dieses Namens verdankt ihre Erhebung in den Adelsstand König Ludwig I.[2]) Um 1790 lebte ein kurpfälzischer Bergmeister namens *Gienandt*. Die bürgerliche Familie dieses Namens, in Billigheim, Neustadt, Albersweiler und im Edenkobener Thal wohnhaft, betreibt das Waffen- oder Messerschmiede-Handwerk und schreibt ihren Namen *Guinand, Guinandt* und *Günand*. Der Name dürfte, wie ich a. a. o. gezeigt habe, ursprünglich auf den altdeutschen Personennamen *Winand = Wignand* „kampfkühn", j. *Weinand, Wienandt* und *Weinhand*, zurückgehen. *Haleine* Blieskastel, *Hallanzy* Zw., seit mehr als 200 Jahren in Zweibrücken ansässige Buchdruckerfamilie, [*Hänchen =* fz. *Coquerelle*[3])], *Hardouin* Pirmasens, *Hartard* Bisterschied

---

[1]) Im Kpf. Stat. erscheinen 3 Pfarrer dieses Namens aus Wieblingen und Heidelberg stammend.

[2]) Der erste Freiherr dieses Namens, *Karl von Gienanth*, war der Begründer der noch im Besitz der Familie befindlichen Hüttenwerke in Eisenberg, Hochstein, Trippstadt, früher auch in Schönau, jetzt noch in Kaiserslautern, und der erste Grosseisenindustrielle in der Pfalz. Der Umstand, dass die bürgerlichen G. sämtlich mit Eisenschmieden sich befassen, scheint auf einen gemeinsamen Ursprung der adeligen und bürgerlichen Familie hinzudeuten.

[3]) Der Begründer dieser früher in der Pfalz an mehreren Orten vertretenen Familie hiess *Coquerelle* und wanderte, als unter Ludwig XV. die Dragonaden wieder auflebten, zwischen 1736 u. 40 aus der Gegend von Nimes aus, zunächst in die Schweiz, dann in die Pfalz (Neuhornbach). Da er so nahe an der französischen Grenze wohnte, wollte er durch seinen Namen nicht für jedermann als Réfugié erkennbar sein und übersetzte daher seinen Namen (vgl. fz. *coq* „Hahn") in den entsprechenden deutschen *Hänchen*. Mitt. d. Herrn deutsch-reformierten Pfr. *Hänchen* in Erlangen. Vgl. „Pfälz. Mus." 1885, S. 52.

nach vorgenommener Assimilation *Hallard* Harthausen¹).
*Hassieur*, gespr. Hassjee, Neustadt, *Haschard* Wo?, *Halry*
(isr.) K'lautern, fr. Zw., *Hené* und *Henée* Dürkheim und
Germersheim = *Heene* Hassloch, *Herancourt* und *Hérancourt*
(die Form *Heraucourt* stiess mir auch öfter auf, scheint
aber auf einem Versehen zu beruhen) fr. Bergzabern, j. in
Billigheim, Gommersheim, Hassloch, Neustadt, Rohrbach bei
Landau, *Herdy* Rohrbach dtsch. oder frz.?, in Ramberg
*Herty*²) geschrieben, *Herche* fr. Bergzabern = *Herguet* Friesenheim? [*Herion* Schuldiener 1779 Schönau, scheint jetzt nicht
mehr zu existieren]. *Hey*, aus *de la Hey* (*Haye* „von dem
Haag"?) abgekürzt, Winden, *Hörnef* K'lautern, Otterberg,
*Hoschar* (f. *Hochard*) fr. Höheinöd, [*Hoseus*, noch vorh., offenbar aus *Hose*³) latinisiert], *Hubing* Wallonenfamilie in Annweiler und Otterberg, auch in Lambsheim, umgedeutscht aus
*Hubin*,⁴) *Hudlett* Ober- und Niederauerbach (wie urspr. geschrieben?), *Hurillon* ? Winden, *Hussong* (seltener *Hussung*)

¹) Vgl. die Namengruppe unter *hard, hart*, stark, kühn, vgl. gr. χρατύς u. frz. *hardi;* Andresen S. 50. Der Name *Hartard* dürfte Entlehnung aus dem deutschen *Hurt-rat(h)* sein.
²) *Herdy* könnte auch ein schweizer-deutscher Name sein. Es gibt in der Pfalz verschiedene Familien, die vor Zeiten aus der Schweiz eingewandert sind, z. B. *Faesy, Lichti, Schleppi.*
³) *Hose* (auch *Hosé*) schrieb sich nach dem Kpf. St. der Expeditor des reformierten Kirchenrates in Heidelberg 1779.
⁴) Nach Oratio de Anvilla p. 83 u. 84 war *François Hubin*, vorher „scholae magister" in Lambrecht, (woher er stammte, wird nicht gesagt) auf besondere Empfehlung des Heidelberger Prof. der Theologie und Geh. Kirchenrats Daniel *Toussanus (Toussaint)* im Jahr 1695 zum Nachfolger des ersten Pfarrers der wallonischen Gemeinde in Annweiler, *Andr. Mazieres de la Place*, berufen worden mit Rücksicht auf seine vorzügliche Befähigung zur Erteilung des Religionsunterrichts. Er wirkte daselbst 17 Jahre lang in so hervorragender Weise, dass ihm bei seinem Abgang nach Mannheim, dessen französisch-reformierte Gemeinde ihn berief, von Johann II., dem damaligen Administrator der Kurpfalz, durch Erlass vom 27. Juli 1612 eine besondere Anerkennung zuteil ward. Sein Nachfolger wurde sein Sohn Johann Franz Hubin, ein Schüler des Hornbacher Gymnasiums, dann Theologiestudierender in Heidelberg, hierauf in Sedan, nach seiner Rückkehr aufgrund eines wohlbestandenen Kolloquiums zum Pfarrer der Wallonengemeinde erwählt und bestätigt, starb nach zehnjähriger Wirksamkeit in der Blüte seiner Jahre. An dem jüngern Hubin wird hervorgehoben, dass er „unter Deutschen geboren und erzogen" die deutsche Sprache ebenso

Blieskastel, Webenheim, Zw., in Neuhäusel noch in der ursprünglicheren Schreibung *Houssong*, d. i. frz. *Housson*, so z. B. j. in Saargemünd sich vorfindend, *Huy* Dannenfels = *Houy* Kusel. Die urspr. Gestalt d. N. *Jaquemar* erkennt man leicht in der dtsch. Transskription *Schackmar* bei Homburg vorkommend, *Jaqui* bedienstet in Zw. und *Jacky* Rumbach lauten *Schacky*, statt *Jaquet* L'hafen findet sich die Schreibung *Schacke* (é) in Neustadt und Mussbach, dagegen schreibt man *Jacquard*, gespr. *Schackar*, Neuhornbach, *Jean* Herschberg, *Jeanette* Walshausen, aber *Schanne* für *Jeannet* (s. hinten!), *Jeandin* Ixheim, Bliesgau = *Jeantin* in Deutsch-Lothringen (s. *Schandein!*), *Jolas* Edenkoben, L'hafen lautet *Schóllas*, *Jouillard* Rhodt, mir noch nicht zu Gehör gekommen; dagegen finden wir die deutsche Aussprache des j in *Jaffé* Zw., *Janton* (ohne Nasalierung) fr. Zw., *Jenet*[1]), im Glanthal verbreitet, wird jetzt nur *Jénet* gesprochen und vom Volk nicht mehr als fremder Name empfunden. *Imblon* Deidesheim, *Impertro* Mundenheim, *Labbe* Steinfeld, *Labonté* Siegelbach, *Labroisse* K'lautern, Winzingen, *Lachamelle* Landau, *Lickas* (s als ss gespr.) Dürkheim. *Lackmann* Otterberg, für *Lacman*, *Lacroix* fr. Oggersheim. *Laforce* Bubenhausen, Schifferstadt, *Laforet*[2]) Edenkoben, Germersheim, *Lafren*: Erbach (wie urspr.?), *Lagall* Medelsheim und *Lagally* im nahen Lothringen. *Lámarche* St. Ingbert, K'lautern, *L'ami* Zw., *Lamotte* Gaugrehweiler, ein Freiherr *de Lamotte*[1]) (aus dem jens. Bayern) war 1837—46 Landkommissariatsaktuar in Bergzabern, später Regierungsdirektor in Speyer, *Lamour* Bruchhof bei Homburg, K'lautern, *Lanique* ? Landau, *Lapointe* eine geb. aus beherrschte wie die französische. — In Bergzabern wirkte von 1764—87 ein Val. Hubin (noch nicht Hubing!) als zweiter ref. Pfarrer.

[1]) Aus Graubünden kurz vor der Mitte des vor. Jahrhunderts eingewandert. (Mitt. d. Hrn. Vikar Dauber.)

[2]) Die Edenkobener Familie geht zurück auf einen unter der franz. Herrschaft eingewanderten *Laforet*. Von manchen wird der Name auch Láffree ausgesprochen.

[3]) In Italien gibt es ein Adelsgeschlecht *La Motta*, in Frankreich *la Motte* neben *de la Motte*, vgl. den Namen des Dichters der „Undine" Freiherr *de la Motte Fouqué*.

Metz früher verb. in Zw.; der *Lapperte*'sche Hof bei Homburg· trägt seinen Namen nach dem französischen General *La Bretéche*, der ihn von 1684—1714 besass. Den unverständlichen fremden Namen haben die Bewohner der Gegend volksetymologisch komischer Weise umgewandelt in „Lappentascher Hof", und in dieser Verdeutschung findet er sich sogar in Karten eingezeichnet. *Lapre* Höchen, *Laqué* Rohrbach bei Landau, Dürkheim, *Larouette*, eine geb. L. ist in K'lautern verheiratet, *Lassalle* Waldmohr [die freiherrliche Familie *Lassalle von Louisenthal* besass früher den Kaplaneihof bei Ernstweiler], *Latour* Mutterstadt, *Laturell* Altheim *Latourelle* anderswo, *Laurent* fr. Zw., mit der Aussprache übereinstimmend die Schreibung: *Lorang* in Pirmasens (vgl. *Klemang* f. *Clément*!), *Laurier* Frankenthal. Der in Frankreich überaus häufige Name *Laval* begegnet auch verschiedenen Orts in dieser Gestalt und als *Lavale (von)*, *Lawall* in der Pfalz, *Lavergne* (nj undeutlich gespr.) Zw., *Lebachelle* (stummes e!) K'lautern[1]). *Lebeau* Dannstadt[2]), *Lebeck*[3]) Bruchmühlbach, *Lebon* Kirrberg, Speyer, der Name *Leckron*, Dürkheim, ist nach meiner Ansicht nur lautliche und graphische Nebenform von *Legrum* in Blieskastel und Venningen, daneben stiess ich auch auf *Legrom* und *Ligrum* — die älteste, bzw. richtige Schreibweise d. N. kann ich nicht angeben. *Leger* Wo?, *Lellé* Höheinöd, *Lemaire* fr. Lambr. Wall., j. Speyer (kath.), fr. auch in K'lautern, *Lepère* Steinweiler, Winden, *Lesage* Winden und Umgegend, *Lesoine* in Baalborn und Drehenthalerhof bei Otterberg, daselbst *Lessuëi* mit schwachem Nasal und fast

---

[1]) Der Kpf. Stat. weist einen Rektor *Bachelle le* zu Frankenthal (1758), einen Pfr. des gleichen Namens zu Obrigheim, einen zu Weingarten, einen zu Aspach und einen Kandidaten auf.

[2]) Im Kpf. Stat. ein Schuldiener *le Beau* zu Impflingen und zu Zeisskam.

[3]) Im Lambr. Zunftbuch kommt ein *François le bec* vor, d. h. der „Schnabel", wohl als Spitzname aufzufassen. Doch könnte der Name *Lebeck* auch auf *Le Picque* zurückgehen — so heisst im Kpf. Stat. ein Pfarrer und Inspektor zu „Freinssheim" und ein Pfarrer zu Dahlsheim, vgl. *Legrum* und *Ligrum*!

wie *Lesswing* gesprochen¹). *Letoulé* Wo?, *Liar* Landau, *Liboyé* Gerolsheim, *Lièvre* Standenbühl, *Lilier* Zw., eine adelige Familie dieses Namens gibt es in Karlsruhe und im jens. Bayern, *Lion* (isr.) St. Ingbert, *Logé* Steinweiler, *Loi* Wollmesheim, Lo-i gespr., n. m. A. auf unreiner Aussprache für *Louis* beruhend, wie sich auch wirklich neben *Louis* Otterberg, K'lautern die der Aussprache ganz entsprechende Schreibung *Luy* in Tiefenthal findet (vgl. ob. *Huy* u. *Houy*!); *Longard* K'lautern, Landau, *Lorang* s. *Laurent*!, *Loyson*, gespr. Lóa-son, früher in Zweibrücken vorhanden. *Machot* Zw., *Magin* Flomersheim, Frankenthal, *Maginot* Rülzheim, *Magnien*? früher in Hanhofen, *Maillot de la Treille* Freiherr, Landkommissar in Bergzabern von 1847—53, später Regierungsrat in Speyer, aus dem jens. Bayern stammend, *Maling* Kapsweyer, wohl = fz. *malin*, *maligne*, *Malespine*, *Jacomin de*, Baron, Besitzer des Kirchheimerhofes bei Breitfurt;²) die Familie soll erst in diesem Jahrhundert sich dort ansässig gemacht haben. *Maltry* Quirnheim, *Mandry* Silz = *Mandery* Niederschlettenbach, *Mangin* Schifferstadt, *Manier* Wörth, *Marcy* Wo?, *Maret*, eine geb. *Maret*, verh. an *Ritter* † 1887 in Speyer, *Marmillot* und *Marmilot* Petersbächel u. Krottenhof, *de Marnay*, eine geb. *de Marnay* verheiratet an *Möser* K'lautern, *Marnet* und *Marnett* Neustadt, Rülzheim, Zw., *Marotte* Blieskastel, *Martel*, eine geb. *M.* ist verheiratet in Landau, *Märzall* Frankenstein, *Massa* Otterberg, Frankenthal (ital.?), *Massenez* (gespr. Máss'nee) fr. Grünstadt, *Masset* Büchelberg, Schweighofen, *Massot* fr. Wall. in Lambrecht, j. Maudach, *Mathieu* Jägersburg, *Mattil* Lambrecht, *Maupai* Karlsberg, *Maxon* Speyer, *Merdian* fr. in Ottersheim, *Mery* Wo?, *Mersy* bei K'lautern, *Michel*, eine Familie französischen

---

¹) Auch diesen Namen treffen wir schon im Kpf. Stat. als *Le Soigne* (vgl. analog fz. *soin* mit *soigner*!), Schuldiener zu Balborn, und *Soine* geschrieben, Schuld. zu Dilsberg und Schld. zu Wilhelmsfeld b. Heidelberg.
²) *Malaspina* ist der Name eines italienischen Adelsgeschlechtes. Die am 13. Mai 1887 verstorbene Schwester des Herrn *Jacomin de Malespine*, eine geb. *Célestine de M.*, war verheiratet an einen Baron von *Solomé-Ramberviller*.

Ursprungs, in Landau, Rodalben, Speyer und sonst vertreten, *Michaux* (gespr. Mischo). Speyer, *Micheaud* Speyer, gleichlautend, *Migeot* Enkenbach, und ebenso ausgesprochen, aber in deutscher Orthographie: *Mischo*, vorkommend in Medelsheim und Peppenkum, *Millet*, gespr. Millee, † Bezirks-Bahningenieur in Edenkoben, stammte aus Darmstadt, *Minet* Schaidt, *Molique* fr. Landau († Bezirksgerichtsdirektor), *Molle* Ellerstadt, Dürkheim (wohl für urspr. *Molé* oder *Molet*), *Moné* K'lautern, leicht identisch mit dem im Lambr. Zunftbuch erscheinenden Namen *Monet, Monnier* fr. in Zweibrücken, *Montillon* (ij gespr.?) Steinweiler, Winden, *Moré*[1]) † Notar in L'hafen, *Morell*[2]) Grevenhausen, Hermersberg, *Morin* Landau, *Morio* Zw., *Morlo* St. Jngbert, *Moron* früher Neustadt, *Morquet* Mölschbacherhof bei Wattweiler, *Munkey* (kath.) Otterberg, auch *Mungey, Mussinan* Schönau, [*Niedercourt*[3]) Weisskircher Hof zwischen Hornbach und Wolmünster,] *Nicolas* Massweiler, *Nily* Mundenheim, *Nipeiller* K'lautern, kein geb. Pfälzer, *Noe* (*Noé*) Bellheim, K'lautern und sonst, der Name findet sich auch im Lambr. Zunftbuch, s. Stauber ao. S. 197, *Noé, Noel* Eschringen, *Nollac* Wo?, *Nombro* gespr. Númbro Zw., *Obet*, daneben *Obée* Kriegsfeld, *Omlor* Mittelbexbach, *Osche* bei Homburg, urspr. Form?, *Ouriller* Landau, *Pagé* K'lautern, *Paillon* Frankenthal, *Pappon* Wo?, *Paraquin* Frankenthal, *Parey* Wo?, *Pasquay*,[4]) gespr. Páké oder meistens

---

[1]) Nach dem Kpf. St. ein Pfarrer *More (Moree)* zu Mutterstadt 1764, geb. zu Grossbockenheim.

[2]) Nach der nämlichen Quelle lebte 1767 ein Kandidat *Jean Maurell*, geb. zu Heidelberg, aus Gross-Villars in Württemberg. Dort war auch eine Hugenottenkolonie gegründet worden.

[3]) Dieser lothringische Name sieht aus wie eine hybride, d. h. Zwitterbildung, zusammengesetzt aus dentsch *nieder* und frz. *court* Hof, vg. Niederhöfer, Alt-hoff!

[4]) Ob die beiden Namen *Pasquay* und *Paqué* ursprünglich identisch sind, d. h. *Paqué* nur eine andere Schreibweise von *Pasquay* nach dem Gehör darstellt, ist fraglich, wenn auch keineswegs unmöglich. Hierüber können nur urkundliche Belege, in denen beide Namen aus früherer Zeit vorkommen, Klarheit verbreiten. *Pasquay* scheint mir zunächst auf *Passaquay* zurückzugehen, einen Namen, der sich z. B. in Augsburg findet. (Dort verstarb 1887 eine Frau *Doris Neuss*, geb. *Passaquay*.) Der Name

Bäké, die Heimat der Familie ist Annweiler; ganz ebenso ausgesprochen wird *Paqué* Ramstein und *Baqué* Billigheim, letztere Formen offenbar nur Doubletten, die auf der zwischen p und b schwankenden Aussprache des Anlautes beruhen und einen Namen ausprägen. *Patron* Roxheim, *Pattar* Zw., *Pelletier*, d. i. „Kürschner", Annweiler, *Perignon* Landstuhl, *Persang* Vinningen, der umgedeutschte Ausgang steht für fz. *an* (ant), vielleicht auch *on* (vgl. *Pierson*!), *Perrault*, jetzt erloschen, *Perret* Spirkelbach, *Perron*[1]) Frankenthal (neben *Perron* vgl. den fz. Namen *Peyron* und den italienischen *Perrone*!), dieser Name erscheint in einer der deutschen Aussprache entsprechenden Gestalt als *Pirong* Ensheim, *Pirrong* Mittelbexbach und Kirrberg, und *Pirrung* in Altheim, und sehr wahrscheinlich ist es mir, dass auch *Berrang* in St. Ingbert nichts weiter vorstellt als eine verdorbene Aussprache des nämlichen Namens *Perron* oder *Peyron* (vgl. im Lambr. Zunftbuch *Pieron*!), indem der Labiale weich und der Vokal

des bekannten Romanschriftstellers *Ernst Pasqué* enthält noch das s und kann, da é nur eine andere Orthographie für ay ist, ohne weiteres als gleichwertige Nebenform von *Pasquay* betrachtet werden. Ob dies auch mit *Paqué* = *Baqué* der Fall ist, d. h. ob hier Ausfall eines s vor q anzunehmen ist, fragt sich wegen des Namens *Paquette*, der in Frankfurt a/M. vorkommt. Auch spricht nicht dafür der Umstand, dass *Paqué* = *Baqué* unmittelbar aus *Paché* hervorgegangen sein kann, vgl. *Dacqué* aus *Daché*! In Annweiler nun erhielt 1659 *Gamaliel Pache*, latinisiert *Packeus*, aus der wälschen Schweiz stammend („*Morsea — Vaudensis*"), im Jahre 1659 seine Bestallung zum Pfarrer der dortigen Wallonengemeinde als Nachfolger des *Guillaume Bonnivert*, der aus Sedan stammte (*Or. de Anv.* p. 90—92). Aus den interessanten Angaben unserer Quelle über den Streit zwischen *Bonnivert* und *Barth. Candidus*, dem Pfarrer der deutsch-protestantischen Gemeinde, dessen Beilegung durch einen förmlichen *titulus concordiae et transactionis ecclesiae Germanicae et Gallicae Annaevillensis* dd. 5. Dez. 1660 erfolgte, hebe ich hervor, dass infolge der traurigen Zeitläufte der Annw. Wallonengemeinde längere Zeit die Mittel fehlten, um einen eigenen Prediger zu besolden, ferner, dass sich das Presbyterium in seinen Verhandlungen der franz. Sprache bediente (so kommt z. B. vor „*une mauvaise affaire practiquée contre le Sieur Gr.*"), endlich, dass sich damals unter den Wallonen Annweilers nur drei fanden, die nicht deutsch verstanden. *Pache* siedelte 1664 als Pfarrer der dortigen franz.-ref. Gemeinde nach Bischweiler über.

[1]) Ein Sprosse dieser Fr. Familie ist Opernsänger in Leipzig, ein anderer Bildhauer in München.

der Endsilbe unrein gesprochen wird (vgl. zu *Persang*!). *Pirro*, Frankenholz, Höchen, zeigt keine Spur von *ong* oder *ung* im Ausgang, dürfte daher eher auf eine andere Urform, wie *Piraud* oder *Pirot* zurückgehen, — ? *Piro* Otterberg, *Petif* Wo?, *Petillon* Rohrbach bei Landau, Winden, *Pierre* Altheim, auch z. Z. Mittelbexbach, *Pioth* Roschbach bei Landau, *Piton* Annweiler, von einer Aussprache wie Pitung findet sich keine Spur,[1]) *Planell* K'lautern, *Poisson*, d. i. „Fisch", Landau, *Portuné* Dannstadt, Speyer, wie ich vermute, liegt die ungenaue Aussprache dieses Namens vor in *Bordonné* (*Bordonnet*) s. ob.!, *Prevost*, Neuhäusel, gespr. Bréwo, d. i. „Probst", aus lat. praepositus, *Profit*[2]) Otterberger Wallonenf., Zw., Bróſitt ausgesprochen, demnach durch die Betonung unterschieden von dem volkstümlichen Worte brofitt = profit „Nutzen, Vorteil", *Proro* K'lautern, Neuhofen. *Quiring* (aus *Quirin* = *Quirinus*) St. Ingbert. *Raquel*, Lambr. und Otterb. Wallonenfamilie, jetzt noch in Beindersheim, K'lautern, Hassloch, Landstuhl vorkommend, in Mainz erscheint der Name als *Rahké*, *Redey* Standenbühl, *Regier* Knopp-Labach, Leimen. *Regnault* (d. i. dtsch. Reginalt = Reinhold), gespr. Rennjo, Frankenthal, Speyer, im Lambr. Zunftbuch findet sich *Renau*, *Remy* Rohrbach, nach dem Lambrechter Kirchenbuch von 1758 kam ein Andreas *von Remy*, geb. zu Nancy, Sohn eines dortigen Ratsherrn, mit 20 Jahren nach Lambrecht und nahm die reformierte Konfession an, die Schreibung *Remmy*[3]) war früher in Herschweiler vertreten; *Renard* („Fuchs") Otterb. Wallonenname, Peppenkum (*Rennard*), *Resplandin* † Eden-

---

[1]) Der Name *Piton* kommt auch in Strassburg vor. — Nichts zu thun hat mit dem franz. Namen der deutsche *Pittkahn*, jetzt *Pitthan* K'lautern, schon im Kpf. Stat. vertreten: ein Pfr. d. N. in Frey-Laubersheim um 1770, geb. zu Zotzenheim (Rheinhessen), ein anderer, geb. zu Ober-Ingelheim, Pfr. in Amerika.

[2]) Ebenda ist verzeichnet ein Wall. Schuldiener zu Otterberg und einer zu Gundersweiler namens *Profit*.

[3]) *Rémi* ist die frz. Gestalt des Namens *Remigius*. Aus der dtsch. abgekürzten Form *Remich* ist der noch jetzt in der Pfalz vorkommende Familienname *Römig*, *Römmich* hervorgegangen. Vgl. die „Remigsleute", d. i. Umwohner des Remigiusberges!

koben¹), *Reverdy* Frankenthal, *Rimé* Habkirchen, *Riotte* St. Ingbert, *Rippier* Billigheim, *Riquet* oder *Risquet* Hassloch, *Rischar* Reiskirchen, für *Richard*, *Rohe* K'lautern, aus dem jens. Bayern, *Roi* (kath.), eine geb. *R.* ist in Landau verheiratet, *Rojan* Sanddorf und sonst bei Homburg, *Rojar* und *Royar* Gersbach, Schwarzenacker, Zw. (in diesen 2 letzten Namen lautet j wie deutsches j), *Rosché* Homburg, Niedermohr (die urspr. Schreibweise ist mir unbekannt), *Roschy* Hermersberg, Waldfischbach, *Rossée* K'lautern = *Rossé* Gerichtsschreiber in Bergzabern 1847—50, *Ruby* K'lautern (u oder ü gespr.?). *Sabathier* L'hafen, *Sabathné* früher Lehrer in Flomersheim, von K'lautern stammend, *Salathé*, ein ref. Pfarrer dieses Namens in Lambrecht um 1679, in Bergzabern lebte ein *Salathe* noch 1817, *Sacré* Lambr. Wallonennamen, jetzt noch vorhanden?, *Samarie* Blieskastel, wohl aus *Sainte Marie* zusammengezogen, *Saroye* Wo?, *Saurage* Oppau, *Schabo* (für?) Pirmasens, *Schacke* in der Westpfalz statt *Jacquet*, demnach könnte auch der häufige Name *Scha(a)ck*, Niederauerbach und sonst, einfach deutsche Umschrift von *Jacques* sein, urkundliche Belege hiefür fehlen mir; *Schanding*, in Beeden und Kirrberg, ist ohne Frage deutsch umgeschrieben und umgemodelt für *Chandin* oder *Jeandin* (*Jeantin* in Saargemünd), auch der Name des bekannten Pfälzer Dichters *Ludwig Schandein* soll²) früher *Chandin* gelautet haben, *Schanne*, Bruchmühlbach, Homburg, Landstuhl, steht für *Jean(n)et*, ebenso *Schano* Leistadt für *Jeannot*, ferner ist *Schirra* Homburg als Umformung von *Girard* anzusehen; für *Schaffard* Zw. und *Schallard* (geb. *Zaabé*) Landau kann ich die französische Herkunft nicht so sicher behaupten, da sie auch deutsche Namen mit *hart (hard)* „kühn" sein könnten, *Schallmo* in Ginsweiler. Auch von *Schannel* K'lautern kann ich die Originalform nicht mit Sicherheit angeben, ebenso-

---

¹) Der frühere erste Stadtschreiber d. N. war der Sohn des gleichnamigen 1. Stadtschreibers, der unter dem Kaiserreich nach Edenkoben kam, da man einen des Französischen mächtigen Mann brauchte; er kam von Strassburg.

²) Mitteilung des † Herrn Lehrers Ph. Schneider in Mussbach.

wenig von *Schoppé* Burrweiler, dagegen verrät sich *Schardein* Rohrbach leicht als fz. *Chardin* oder *Jardin*, in *Schela* Frankelbach erkenne ich mit Bestimmtheit den frz. Namen *(Ielas*[1]*), Schémbeno* Frankenthal ist Umdeutschung von *Jean Benois*[2]*)* (oder *Bénoit* = *Benedict*), *Schillo* Bolanden f. *Gillot*, *Scholly* öfter, z. B. in Marnheim, = *Joly, Jolly, Schery* und *Scherry* Hornbach = *Schörry* Walshausen soll auch ein französischer Name sein, *Schiro* Gersheim entpuppt sich als *Giraud* oder *Giraux*, *Schönung* K'lautern sieht ganz wie ein echt deutscher Name aus, trägt aber nur deutsche Hülle = *Chenon*[3]*)*, auch *Schording* Weilerbach ist maskiert aus frz. *Jourdain* (vg. *Toussaint*!), endlich *Schwalie* Rieschweiler ist echt volkstümliche Orthographie für *Chevalier* (s. ob.!), ganz so, wie ungebildete Leute „Schwolleschüh" = *chevauléger* schreiben. Der seltsame Name *Schuschu* K'lautern ist für mich noch ein Fragezeichen *(joujou?)*. *Sefrin* Contwig, deutsch ausgespr. (für *Séverin* — Severinus?), *Sémar* Contwig, Zw., soll früher *Saint Marc* geschrieben worden sein, was mir sehr einleuchtet, *Serbiné* Hirschthal, *Serraud* Herschberg, *Sirigny* Mundenheim, *Sonnet* Zw., *Sosson* Zw., *Spiry* und *Spirry* Nothweiler, französisch oder schweizerdeutsch *(Spüri?)*, *Stophelé*[4]*)* Otterberg.

*Tansor* Knöringen, *Tavernier* Otterberg („Schänkwirt" = lat. *tabernarius*), nach dem Kpf. Stat. hiess ein Schuldiener zu Süntzheim (Sinsheim in Baden) *Tavern, Thiato* Wo?, *Thibaut* Hagenbach, *Thiery* Zw., vgl. *Thiry* im Lambr. Zunftbuch, *Thiriot* Landau, *Thyret* Landau, *Tiéssé (Thiessée)* Kirchheimbolanden, *Tournier* Pirmasens, *Toussaint* Zweibrücken, vom Volk *Tüssing* oder vielmehr *Düssing* ausgesprochen, auch im Lambr. Zunftbuch, jetzt wie früher ein

---
[1]) Vgl. den Namen des berühmten bayer. Ministers *Montgelas*. — Ein *Gelas* war nach dem Kpf. Stat. Präzeptor am Heidelberger Gymnasium.
[2]) Mitt. des Herrn Pfr. *Laurier* in Frankenthal.
[3]) Um 1780 lebte in Lambrecht ein Pfarrer *Chenon*, s. Stauber a. o. S. 200.
[4]) Ein Anführer der heldenmütigen Vendéer 1793 hiess *Stofflet*.

häufig vorkommender Name: *tout-saint*, d. i. „ganz" oder „hoch heilig" bedeutend, wurde früher und wird manchmal jetzt noch als Vorname gebraucht, latinisiert *Tossanus*[1]), *von Traitteur*, fr. Frankenthal und Zw., *Transier* Maudach. Studernheim, *Tuteur* K'lautern, *Uge*? K'lautern, in neuerer Zeit zugewandert, *Vaillant* fr. Obermoschel, *Walljang* gespr. (vgl. *Valens, Valent — inus — inianus*!), *Valdenaire* Hassloch, Schifferstadt — hier haben wir den seltenen Fall, dass umgekehrt ein von Haus aus deutscher Name in französischer Verkleidung erscheint. Denn *Valdenaire* ist = mhd. *waldenaere, waldnaere* — Waldner, d. i. Waldbewohner, Einsiedler; leider weiss ich nicht, wann und woher die betr. Familie eingewandert ist. *Ventuleth* Clausen, *Verbené* (auf der drittletzten Silbe betont!) Frankenthal, Dürkheim, *Villeroi*, Besitzer des Rittershofes bei St. Ingbert, lothringische Familie aus dem Saarthal zugezogen, *Violet* Frankenthal, *Voisin* L'hafen, also wohl in neuester Zeit zugezogen, *Vuillemet*? Ballweiler. Noch bemerke ich, dass der Name *Vanninger* in Mussbach früher *Vannier* gelautet haben soll. *Wehrum*, bedienstet in Pirmasens, umgedeutscht aus *Véron*; der französischen Urform näherstehend: *Werron* in Frankenstein, mit deutscher Ableitungssilbe am Ende: *Wehrung* in Strassburg; *Wallé* und *Wallée* Blickweiler, Heckendalheim (vg. *Lavale, Lawall*!), *Wallit* Kröppen, *Walier* Neustadt, *Wellé* fr. in Schallodenbach, *Werle*, fr. auch *Werlé* geschr., ziemlich verbreitet, *Wery* Zw. (statt *Véry*), *Weisang* im Bliesthal, der Name wurde früher *Vincent*[2]) geschrieben, erlitt demnach in der volkstümlichen Aussprache starke Veränderungen: der inlautende Nasal wurde ganz unterdrückt und so *eng* zu *ei*, der Ausgang angedeutscht, wie in *Klemang, Lorang, Persang*

---
[1]) Nach dem Kpf. Stat. gab es einen Pfarrer Johann *Tossan* Sauerbrunn in der Württembergischen Hugenottenkolonie Neu-Hengstett, geb. zu Wiesloch, und einen *Tossannus Henrici*, Pfarrer zu Boxberg. Vgl. den Namen des Heidelberger Hofpredigers und Prof. d. Th. *Tossanus* zu Anfang des 17. Jahrhunderts!
[2]) Mitt. des Herrn Kirchenschaffners *Arnold* dahier aufgrund urkundlicher Belege.

und in den Namen auf —*on* - *ung (ong)*. *Wille*. Frankenthal (der Sohn des früheren Bürgermeisters ist Univ.-Bibliothekar in Heidelberg) ist eine ursprünglich adelige Familie: *Vuille de Bil*[1]). *Wothe* Edenkoben, Hessheim. *Zwi-Süss* Landau. Die Gesamtzahl der in vorstehender Liste enthaltenen, jetzt noch in der Rheinpfalz vorkommenden französischen Familiennamen beziffert sich auf etwa 450. Ich darf aufgrund meiner langjährigen genauen Erkundigungen und Vergleichungen als sicher annehmen, dass nur ein ganz kleiner Bruchteil der bei uns in der Pfalz vorhandenen französischen Familiennamen mir unbekannt geblieben und meiner Liste nicht einverleibt ist. Wenn ich diese wenigen fehlenden mit dem Häuflein der zweifelhaften Namen, die ich nachher mitteilen werde, zu einer Gruppe vereinige, so ergibt sich nach meiner Schätzung ungefähr die Ziffer 60—70. Demnach ist man berechtigt, die Gesamtzahl aller vorhandenen französischen Familiennamen auf rund 500 anzuschlagen. Wie man sieht, stellt dieses halbe Tausend Namen einen verschwindend geringen Bruchteil der Gesamtbevölkerung unserer Provinz dar, selbst wenn man auf den einzelnen Familiennamen die Kopfzahl 12 rechnet, was gewiss schon hoch gegriffen erscheint. Denn bei dieser Annahme ergäbe sich die Summe $12 \times 500 = 6000$ Personen gegenüber der Gesamtbevölkerungskopfzahl von rund 700,000 Einwohnern nach der letzten Volkszählung. Übrigens müsste man, um hier zu einigermassen sichern Ergebnissen zu gelangen, zuvor die Gesamtzahl der in der Pfalz überhaupt vorhandenen Familiennamen kennen; erst dann hätte man eine zuverlässige Grundlage, um inbetreff der auf die franz. Familiennamen entfallenden Kopfzahl eine Wahrscheinlichkeitsberechnung vornehmen zu können. Ich überlasse es Berufeneren, diese in die Statistik einschlagende Frage weiter

---

[1]) Mitt. des Herrn Dr. Wille in Heidelberg.
\*) *Winan*, im Lambr. Zunftbuch als Vorname gebraucht, scheint der oben besprochene deutsche Name *Winand* zu sein, der, in die französische Sprache übergegangen, mit verschiedenem Anlaut zu *Winand* und zu *Guinand* werden konnte.

zu verfolgen, und betone nur noch, dass auf jeden Fall die vorhin ermittelte Zahl meine oben aufgestellte Behauptung von dem, im ganzen genommen, geringen Einfluss der eingewanderten Franzosen und Wallonen auf die altpfälzische Bevölkerung beweiskräftig unterstützt.

Zweifelhaft hinsichtlich ihres französischen Ursprungs scheinen mir folgende Namen zu sein, die teils kein recht französisches Aussehen haben, teils anderweitig mir zu wenig bekannt und bezeugt sind: *Abresch* in Neustadt ansässige Familie, *Adiato* Wo? ( *Thiato?*), *Alletter* Zw., *Bassimir* Grethen (slawisch?), *Benedum* und *Benetum* Zw. und sonst, *Benkula* Lautersheim, *Berrsché* L'hafen, *Bibus* Schaidt, *Boujour* Wo?, *Brede (Bröde)* Mörsbach. *Cadeau* Wo?, *Cattány* (kath.) Otterberg, vielleicht italienisch, *Celce* Wo?, *Delander* Oberbexbach, *Delto* Neustadt, *Demet*: St. Ingbert, Otterberg, *Fillibeck* Neustadt, *Fleurance* Wo?, *Gentes* Zw., *Gleines* Wo?, *Goyer* Rüdersheim, *Gudex* Ottersheim, *Hürleth* Zw., *Jelito* (ital.? j dtsch. gespr.), *Joas* Mauschbach, *Kuby* Edenkoben, Neustadt, *Kuding* Oberbexbach, *Landonville* Wo?, *Layes* Ramstein, *Ludes* Nanzweiler, *Mages* K'lautern, *Mané* Einöllen, Mackenbach, *Menchas* bei Landstuhl, *Pané* Kirchheimb., *Pontes* Zw., *Porta*, *Scholland* Jägersburg, *Sema* bedienstet in Pirmasens, *Sona* bed. in Speyer, *Stocké* Dirmstein, ohne Frage deutsch mit französierendem Accent, *Stuppy* Ramstein, *Quinter* Wo?, *Voment* (wie ausgesprochen?) Speyer, *Wobedo* Hoof bei Kusel (slawisch?), *Weschy* Wallhalben. Es mögen sich wohl noch ein paar Dutzend vom gleichen Schlage auftreiben lassen.

Zum Schluss will ich mein oben gegebenes Versprechen erfüllen und die wichtigsten phonetischen Erscheinungen, die dem Linguisten bei näherer Betrachtung der von mir veröffentlichten Namen ins Auge fallen, kurz besprechen.

*A)* Konsonantismus: Die Aussprache des Pfälzer Volkes schwankt bei diesen Namen wie sonst auch im Anlaut oft zwischen *b* und *p*, *k* und *g*, *t* ist meistens auf die Lautstufe von *d* herabgesunken- Im Inlaut zwischen Vokalen sowie vor Liquiden fallen die labiale und dentale Tenuis und Media zusammen, letztere tritt immer in Verbindung mit Liquiden (*lt, nt, rt*) für die entsprechende Tenuis ein.[1]) Dagegen ist die Artikulation der gutturalen Tenuis schärfer und genauer, sodass trotz mancher Schwankungen (z. B. *Gaddoar* für *Catoir*, *Carnier* und *Garnier*, *Gordjec* für *Cordier*, *Groel* neben *Kruel*, *Bourquin* = *Burgein*, *Bouquet* gespr. *Büggee*, [und ebenso *buygétt* = *bouquet* Strauss, Blume des Weins] *Colson* = *Golsung*) in den meisten Fällen *k* im Anwie im Inlaut sich siegreich behauptet, vgl. *Casparé*, *Carra*, *Carbonnet*, *Karbon*, *Collin* = *Kolling*, *Collingro* = *Kollingkro*, *Corbe*, *Closett*, *Crolly*, *Cuny* u. a., ferner *Lackas*, *Dacqué*, *Schacke*, *Jacquard* u. a. mit geschärfter Aussprache der vorhergehenden Silbe: *Lák-kass*, *Schák-ké*, endlich in Fällen, wo eine Liquida folgt oder vorausgeht. wie *Lacroix*, *Morquet*, und ohne Begleitung einer solchen für *qu* wie in *Disqué*, *Laqué*, *Paraquin*, *Pasquay* und *Baqué* (b. aber *k!*), *Riquet* u. a.

Nichtmouilliert wird *ll* ausgesprochen, wie wir an *Bally*, *Billo(t)* und *Chally* ersehen. In den Endsilben *et* und *el* wird öfter (im ersten Fall ist dann der Endkonsonant nicht stumm!) die Silbe geschärft gesprochen und dementsprechend von manchen *t* und *l* doppelt geschrieben,[2]) vgl. *Marnett* für *Marnet*, *Bonnett* für *Bonnet* (hingegen *Morquet*, *Raquet*, *Risquet!*), *Budell*, *Börell* und *Borelle*, *Mörel* und *Morell* (= frz. *Maurelle*).

Was die Aussprache der Palatalen betrifft, so wird zwischen *ch* und *j* garnicht unterschieden: es tritt für diese Laute einfach s ch ein, ebenso für den weichen Gaumenlaut *g*,

---

[1]) Vgl. *Baqué* = *Paqué*, *Bickar* für *Picard*, *Bordonné* (·*et*) = *Portuné*, *Dupernelle* gespr. *Dübernell*, *Débre* neben *Depré* und *Deprez*, *Dupré* gespr. *Dübré*. *T* im Inlaut und sonst = *d*, z. B. *Traitteur*, *Delteresse*, *Detroy*, *Junton*, immer intervokalisch *t* = *d*, z. B. *Cutoir*, *Gottier*, *Etienne Fortuné*, *Latourelle*; im Anlaut wechselt die Aussprache zwischen Media und Tenuis, z. B. *Toussaint* = *Dussing*, aber *Tavernier*, *Thiery*, *Tuteur* mit normal artikuliertem *t*. Im Auslaut immer *t*, z. B. *Plannett*, *Jeanett(e)*, *Degott*, *Jenet*.

[2]) Aus dem gleichen Grunde steht *mm* in *Remmy* = *Rémy*, *Schanne* für *Jeanet*, *Schirra(r)* für *Girard*.

wenn er vor *e, i, y* steht. Folglich hört man unterschiedslos
s c h z. B. in *Brégeard, Brochart*, auch *Broschard(t)* geschr.,
*Hoschar* für *Hochard, Schwaljee* == *Chevalier, Schönung* für
*Chenou, Scholly* für *Joly, Schackmar* für *Jaquemart, Schandein*
== *Schauding* für *Chandin, Schording* == *Jourdain*, ferner in
*Girard, Gilet, Gillot, Dejon, Maginot, Logé, Lesage, Lebachelle,
Lachamelle, Migeot* von *Michaud* und *Michaux* nicht unterschieden (daher sich auch an einem Orte die deutsche
Schreibweise *Mischo* findet). — In *Janton, Jaffé, Jene(t),
Cajar* wird der deutsche Spirant *j* gesprochen. Deutlich
hört man auch dieses *j* statt *i* in den Verbindungen: *ier,
ieur, ion,* z. B. *Balbier* gespr. *Balbjee, Gattje* umgeändert
aus *Gattier, Brunnier, Berier* und *Berie*[1] == *Berjee, Hassieur,
Gianion* gespr. *Ganjon, Bernion, Brunion*, ferner *Merdian*.

Den stärksten Einwirkungen der deutsch-pfälzischen
Aussprache finden wir die nasalierten Vokale im Auslaut
ausgesetzt, also *an, ain, ant, ent, ein, in, on, ont,* für welche
in vielen Fällen *ang, ing* (neben *ein*), *ong, um* und *ung*
eintritt. Zum Teil kommt hiebei Umdeutschung inbetracht,
insofern das Volkssprachgefühl beim Ersetzen des fremden
*in (aint), on* durch *ing, ung* solche Namen gern an deutsche
patronymische Bildungen auf *-ing* und *-ung* anlehnte. Beispiele: *Klemang, Lorang, Weisang* statt *Clément, Laurent,
Vincent; Barlang, Berleong* und *Berlejung, Scheddrung* (zugleich mit Ausstossung des *r* vor *d*) aus *Cherdron, Botzong*,
mit Assimilierung *Bossung* gesprochen, aus *Baudeson* abgeschliffen, *Hussong* für *Housson*, und daneben wohl *Berrang*
für *Perron* = *Peyron, Karbung* == *Carbon, Wehrum* == *Wehrung*
für *Véron, Persang, Toussaint* gespr. *Dussing, Schording* —
*Jourdain, Colling* für *Colin*, daneben steht *Collein*, wie *Kawein* für *Cavin, Schardein* für *Chardin* oder *Jardin*, ferner
*Hubing* aus *Hubin* umgeändert. Die richtige Aussprache
läuft aber nebenher, z. B. bei *Jacomin, Paraquin, Mangin*,
ferner in *Lesoin* gespr. *Lesswän* neben umged. *Lesswing*,
vgl. auch *Bourgun (ön)* neben *Burgein* für *Bourquin*. In

[1] Ebenso ist *Didie* Altstadt geschrieben für *Didier*, gespr. Didjee.

andern Fällen ist die Aussprache eine schwach nasalierte und nähert sich ziemlich der korrekt französischen, z. B. bei *Bardon, Baston, Biron, Bordon, Brion, Chandon* u. a. Ohne Nasalierung erscheint *Briam*. Neben *Lebon* steht *Lebony*. Die Lautverbindung *gn* vor einem Vokal wird richtig ausgesprochen unter Beibehaltung der französischen Schreibweise im Namen *Fontagnier*, verschlechtert *Fontogné — fontainier;* nicht deutlich hört man *nj* in *Larergne*. Dagegen verdrängte der deutsche Gaumennasal *ng* das *nj* in *Agne*, Nebenf. *Angne*, und *Dangne*.

B) **Vokalismus**: Hier sind es der bemerkenswerten Abweichungen nicht soviele. Die Aussprache schwankt öfter zwischen *e* und *i*, z. B. in *Legrum — Ligrum (om)*, *Diffiné* und *Differé*, zwischen *i* und *ü (u)* in *Dibois — Dubois*, *Didier* neben *Dudier*, *Divivier* neben *Duvivier*, zwischen *o* und *u*, vgl. *Loi, Luy — Louis, Houy — Huy, Degott — Degout, Groel — Kruel, Gottier* und *Gouthier, Bordonné (et) — Portuné*, endlich *Nombro* lautet *Numbro*.[1])

Ungenau ist die Aussprache von *oi, oy* in *Grassant*, Nebenform von *Croissant*, in *Boyé* und *Liboyé* gesprochen -*oje, Rojar == Royar (oj,* nicht *oaj)*. In *Anderie* neben *Andrie* gewahren wir Einschub eines euphonischen Hilfsvokals, ebenso steht *e* zwischen *muta* und *liquida* in *Kupperian* für *Kuprion* zur Erleichterung der Aussprache. Bei manchen Namen, die auf ein *e fermé* ausgehen, liess man im Lauf der Zeit das Accentzeichen fallen, vgl. *Ape, Besse, Conde* neben *Condé, Grohe, Molle* u. a. Zwischen *et* und *é* schwankt die Schreibung der Namen *Corbet — Corbé (Korbet)* und *Bordonné — Bordonnet*.

Eine wichtige Rolle bei der Aussprache, bezw. Umlautung und Umformung sehr vieler dieser franz. Namen spielt auch

---

[1]) Diese Verdunklung des *o* in *u* vor Nasalen und Labialen hat auch sonst häufig Platz gegriffen bei Fremd- und Lehnwörtern, vgl. *trumbe (trumpe), trumme (trume)* Trommel und Trompete aus it. *tromba*, fz. *trompe*, und die schon bei Walther v. d. Vogelweide vorkommende Entstellung in dem Segens-, Bekräftigungs- und Verwunderungsruf: *numer dumen (amen)* oder *nummerdums, nummerdum (nümer dum)* d. i. *in nomine domini (amen)* Lexer, Mittelh. Hdwtbch. Bd. II 119, 120.

die Eigenart der deutschen Betonung. Während nämlich die französische Sprache die Neigung besitzt, bei mehrsilbigen Wörtern und Namen in der Regel die Endsilbe durch den Ton hervorzuheben, — eine bekannte Thatsache, die ich hier einfach anführe, ohne näher auf dieselbe einzugehen —, besteht das der deutschen Sprache eigentümliche Betonungsgesetz darin, dass der Ton wo möglich immer auf der Stammsilbe ruht, also von der Endsilbe möglichst weit zurückgezogen wird. Diese unsere Art und Weise zu accentuieren zeigt sich besonders deutlich bei zahlreichen Lehnwörtern, welche seit langer Zeit in unsre Muttersprache Eingang gefunden und, nachdem sie in den „Brunnen" derselben gefallen sind, auch die Farbe seines Wassers angenommen haben. Diese kräftige Betonung der Stammsilbe als der inbezug auf den Sinn wichtigsten Silbe des Wortes hat in vielen Fällen eine Störung des Lautbestandes der übrigen schwach oder nicht betonten Silben zur Folge gehabt, sodass Synkopierung, Assimilierung, Ekthlipse und Abschleifung der Endsilben und dergleichen Lautveränderungen sich einstellten. Dies näher durch Beispiele zu erläutern muss ich mir hier versagen.

Die nämliche Erscheinung nun mit zum Teil gleichen Wirkungen nehmen wir auch an vielen unserer Namen wahr. So wird z. B. der Ton auf die vorletzte Silbe gezogen, da diese nach unserm Sprachgefühl als die Stammsilbe empfunden wird, in zweisilbigen Namen wie *Bellair(e)*, *Greré*, *Hassieur* (gespr. *Hassjee*), *Hoschar*, *Hubing* aus *Hubin*, *Raquet*, in Mainz: *Rahké*, *Schönung* aus *Chenon*, *Renard* gespr. *Rén-nar*, *Schanding* statt *Chandin* oder *Jeantin* u. s. w. Die gleiche Accentuierung findet auch bei dreisilbigen Namen statt, vgl. *Kollingkro* umgemodelt aus *Caulaincourt*, *Herancourt*, *Coressel* aus *Courcelles*, *Demmere* und *Demré* — *Demeret*, *Maginot*, *Kammissar*, *Massenez*, *Bordonné* — *Portuné*, *Villeroi* gespr. *Willroa*, *Stofflé* — *Stophelet*, *Verbené* gespr. *Wérbnee*, dann in recht augenfälliger Weise bei den mit dem französischen Artikel zusammengesetzten mehrsilbigen Namen wie *Lamour*, *L'ami*, *Lamarche*, *Laturell*, *Lavale*, *Labonté*, *Labroisse*, *Le-*

*bachelle, Lebeau, Lebon, Lemaire,* wobei durchweg *le, la* das Haupttongewicht hat, infolgedessen in einzelnen Fällen (z. B. *Lamour*) das *a* sogar lang gesprochen wird wie in *Rahké*. In *Beaufort*, gespr. *Bof-for*, ist die Verkürzung des *o*-Lautes *eau*, bzw. die geschärfte Aussprache der vorletzten Silbe, auch auf Rechnung der deutschen Betonung zu setzen. In andern Fällen hat diese mitgewirkt bei der Lautangleichung, vgl. *Bossung* aus *Baudeson*, wieder in andern unterstützte sie das Streben nach Umdeutschung, wie in *Kollingro, Lappentascher* (Hof), *Dandermänner* als Mehrzahl von *Dautrimont*, endlich hat sie mitunter das Zusammenwachsen zweier Namenwörter zu einem einzigen verursacht, z. B. *Semar*, wenn aus *Saint Marc* hervorgegangen, *Samarie* aus *Ste. Marie*, und *Schembeno*, entstellt aus *Schambeno*, d. i. *Jean Bénois (t)*, in der Betonung und im Zusammensprechen ganz entsprechend dem häufigen linksrheinischen Vornamen *Schámbeddist — Jean Baptiste*, vgl. it. *Giambattista*. — Die Aussprache *Láffree* neben *Láfforce* (s. ob.!) [eigtl. *la forêt* der Wald] zeigt, wie das Zurückziehen des Tons auf die drittletzte Silbe die völlige Ausstossung des Vokals der vorletzten Silbe bewirken kann. — Der dunkle Name *Kollofang* scheint auch aus einer mit Hilfe der Betonung zustande gekommenen Zusammenrückung zweier Namen erwachsen zu sein.

## II.
## Französisches im Pfälzer Volksmund.

Vor allem muss ich bei Beginn dieses zweiten Teiles meiner Abhandlung zu meiner Entschuldigung voraus bemerken, dass es mir leider unmöglich ist, den ganzen über diesen Gegenstand von mir gesammelten und gesichteten Stoff hier darzustellen. Es würde nämlich der Umfang dieser Schrift alsdann das Mass des mir zur Verfügung gestellten Raumes bedeutend überschritten haben. Ich muss ohnehin schon den Inhalt der nachfolgenden Seiten möglichst zusammendrängen und bitte, die knappe Fassung des Dargebotenen aus dieser Zwangslage, die mir keineswegs erwünscht war, zu erklären. Ich hätte gern manches ausführlicher dargelegt, was ich so nur kurz andeuten konnte. Einigermassen tröstet mich der Gedanke, dass ich hoffen darf, in Bälde alles Fehlende an einem für meine Zwecke vorzüglich geeigneten Orte nachtragen und zugleich daselbst den Anforderungen der Sprachwissenschaft inbezug auf die Lautbezeichnung besser genügen zu können, als es hier der Fall ist.[1]) Auch auf eine aus verschiedenen Gründen wünschenswerte nähere Einleitung muss ich aus dem angegebenen

---

[1]) Nämlich in der bei Chr. Kaiser in München seit diesem Jahr erscheinenden, von Univ.-Prof. Dr. Oskar Brenner nnd Kustos Dr. Aug. Hartmann in München herausgegebenen, allen Freunden der deutschen Mundartenforschung sehr zu empfehlenden Zeitschrift „Bayerns Mundarten", von welcher bis jetzt das 1. Heft des I. Bd. vorliegt. Über die darin zur Anwendung kommende Lautbezeichnung gibt Aufschluss der trefflich orientierende Aufsatz Dr. Brenners, betitelt „Zur Einführung" S. 1—12. — Die von mir gebrauchte Lautbezeichnung ist, wie ich wohl weiss, sehr mangelhaft, allein ohne meine Schuld: die hiesige Druckerei besitzt eben die notwendigen Typen nicht, sodass ich nicht einmal die franz. Nasallante richtig umschreiben kann und mich überhaupt ganz auf die gewöhnlichen Lettern der lateinischen Druckschrift beschränkt sehe.

Grunde verzichten. Ich will nur mit wenigen Worten das Hiehergehörige einigermassen andeuten: Das Vorkommen zahlreicher französischer Wörter und Wendungen in der Sprache des Pfälzer Volkes, d. h. vornehmlich des Bauernstandes und der kleinbürgerlichen Kreise der Bevölkerung, zum Teil aber auch im Munde der sog. Höhergebildeten — in der Pfalz ist nämlich den Angehörigen der höheren Stände meistens eine provinziell gefärbte Aussprache des Hochdeutschen eigen, und nicht selten gebrauchen dieselben auch einzelne echt volkstümliche Ausdrücke in ihrer Redeweise, ähnlich wie dies in Württemberg, dort freilich in weit grösserem Umfang und in höherem Grade, der Fall ist — erklärt sich sehr leicht aus der geographischen Lage sowie aus den ethnographischen Verhältnissen der Pfälzer und noch mehr aus ihrer Geschichte. Wieviele länger oder kürzer dauernde Berührungen hatten nicht die Bewohner der Pfalz in den letzten drei Jahrhunderten mit den Franzosen, unmittelbare und mittelbare, feindliche und freundliche! Wie oft war die linksrheinische Pfalz zumal der Schauplatz französischer Invasionen! Man denke nur an die verschiedenen Kriege und Heereszüge, welche ihr Boden sah! Man erinnere sich ferner an die oben besprochenen Hugenotten- und Wallonenkolonien in der Pfalz und an deren Einwirkungen auch nach dieser Seite; man erwäge nur, dass die jetzige Rheinpfalz kurze Zeit unter französischer Herrschaft stand, die Stadt Landau sogar etwa 150 Jahre! Ausserdem ist zu beachten, dass gerade in den rheinischen Ländern die Nachahmung französischer Sitten und Einrichtungen seitens der Fürsten und Höfe grösseren Umfang annahm und tiefer ging als in den meisten übrigen Teilen des deutschen Vaterlandes, dass es in den Hof- und Adelskreisen lange Zeit zum guten Ton gehörte, sich der französischen Sprache im Umgang mit Gleichstehenden zu bedienen sowie die Kenntnis der französischen Litteratur sich anzueignen. Auch ist nicht zu übersehen, dass zahlreiche Nationalfranzosen in den verschiedensten Stellungen bei den Höfen und den Adeligen in Dienst traten. Dies alles hat natürlicherweise zur Folge gehabt, dass allerlei Französisches in Brauch, Lebenseinrichtungen u. s. w. und vor allem inbezug auf die Sprache aus den tonangebenden höheren Kreisen durchsickerte herunter zum Bürger und bis zum Bauern. Ohne Frage den stärksten Einfluss hinsichtlich der Durchsetzung der Sprache des Pfälzer Volkes mit französischen Ausdrücken übte die Zeit der französischen Herrschaft unter der Republik und Napoléon I. aus. Insbesondere griff auch auf diesem Gebiet die Einführung des code civil in das Volksleben der Pfälzer ein. Am allermeisten aber trugen wohl zur Einführung zahlreicher franz. Wörter und Redensarten in den Sprachgebrauch des gemeinen Mannes bei die vielen Soldaten aus der Pfalz, die in den Heeren Napoléons dienten und die meisten seiner Feldzüge mitmachten. Diese eigneten sich zum grössten Teil eine gewisse Herrschaft über die französische Sprache an und hingen auch nach der Wiedervereinigung der Pfalz mit Bayern, in Dorf und Stadt überall verbreitet, ihren französischen Kriegs- und Gloireerinnerungen nach, und von den mancherlei französischen Brocken, die sie gern im Munde führten, blieben nicht wenige bei ihrer Umgebung hängen; so setzte sich manches im Volksmunde fest. Mit dem allmählichen Absterben dieser Veteranen, die jetzt sämtlich verschwunden sind, kamen auch viele der hauptsächlich durch sie in Umlauf gesetzten franz. Wörter ausser Gebrauch, während andre sich bis auf den heutigen Tag forterhalten haben. Die grossen Ereignisse des Jahres 1870/71 und der nationale Aufschwung, den dasselbe zur Folge hatte, haben auch bei uns in der Pfalz erfrischend gewirkt und die vorher an einzelnen Orten noch nicht ganz erloschen gewesene Vorliebe für Frankreich und Französisches weggefegt. Inzwischen ist eine ganz anders gesinnte, gut deutsch denkende und fühlende Generation herangewachsen, und dieser erfreuliche Umschlag hat auch auf das Sprachleben des Volkes eine günstige Wirkung ausgeübt. In diesem Zusammenhang ist auch die Thatsache zu erwähnen, dass seit dem Jahre 1870 Paris, die französische Hauptstadt, aufgehört hat, für eine beträchtliche Zahl von Pfälzern, namentlich Kauf- und Geschäftsleute, sozusagen die hohe Schule der Ausbildung und des guten Geschmacks zu sein. Früher gehörte es in diesen Kreisen zum guten Ton, einige Jahre in Paris gearbeitet und auch mit der französischen Sprache sich bekannt gemacht zu haben. Die französischen Wörter und Redensarten, die noch jetzt fest in der pfälzischen Volkssprache haften, zerfallen in zwei Hauptklassen. Die überwiegende Anzahl besteht aus solchen, welche nicht bloss in der Pfalz vorkommen, sondern so ziemlich über ganz Deutschland verbreitet sind, in Süddeutschland allerdings in grösserm Umfang als in Norddeutschland. Es sind die „Allerweltsfremdwörter", wie man sie nennen könnte, die teilweise auch in die Sprachen anderer europäischer Völker eingedrungen sind.[1]) Diese zu sammeln und zu betrachten sowie, um dies sofort zu bemerken, ihre Entbehrlichkeit nachzuweisen (von vereinzelten Ausnahmen abgesehen!) und auf ihre baldige Austreibung hinzuarbeiten, dies ist ein Hauptstück der **Fremdwörterfrage**, die in den letzten Jahren allüberall in Deutschland neu in Fluss gekommen ist, und eine Hauptaufgabe des so rührigen **Allgemeinen Deutschen Sprachvereins**. Derselbe hat sich bereits, von Missgriffen Einzelner abgesehen, dieser verdienstlichen Aufgabe mit Erfolg unterzogen, insbesondere durch seine litterarische Thätigkeit (Herausgabe der Vereinszeitschrift und der sehr empfehlenswerten „Verdeutschungsbücher"). Da ich die Grundsätze dieses Vereines und seine, im Ganzen betrachtet, diesen entsprechende massvolle und besonnene Thätigkeit völlig billige und selbst schon öfter zu

---

[1]) Man findet sie mit wenigen Ausnahmen zusammengestellt in dem Fremdwörterverzeichnis, das der Schrift des † Kanzlers der Universität Tübingen G. Rümelin „Die Berechtigung der Fremdwörter" (Freiburg i. B. 1887) S. 49—88 angehängt ist. Der geistvolle Verfasser hat manches Richtige, zumal gegen die Heisssporne unter den Sprachreinigern, vorgebracht, im ganzen aber geht er in seiner Vorliebe für die Fremdwörter und in der Verteidigung derselben, auch der überflüssigen, zu weit, sodass sein Standpunkt als einseitig erscheint.

dieser Frage das Wort ergriffen habe, brauche ich hierüber nicht weiter zu sprechen. Es sind dies zum grössten Teil Wörter, die namentlich im Geschäftsleben einheimisch sind und in den Zeitungen ihr Unwesen treiben und meistens nur auf die Macht der Gewohnheit und Bequemlichkeit als auf den Schutzbrief für ihre Aufenthaltsberechtigung bei uns sich berufen können. Diese wird man bei einigem guten Willen leicht los werden können. Andere freilich wohl schwerer, wie z. B. Interesse, sich interessieren, sich genieren, retour und ähnliche, obwohl sie sich, in den meisten Fällen wenigstens, unschwer durch deutsche Wörter ersetzen lassen.

Die andre nicht so zahlreiche Klasse enthält solche Wörter, die sozusagen nicht so auf der Oberfläche des Sprachstromes schwimmen wie jene und zum guten Teile weniger leicht zu beseitigen sind, da sie mit ihren Wurzeln tiefer hinabreichen in den Grund und zäher kleben. Denn sie sind nicht erst in der neuesten Zeit in den Volksmund eingedrungen, sondern schon seit längerer Zeit ihm geläufig, ja einzelne von ihnen blicken auf ein mehrhundertjähriges Dasein zurück und haben schon während der mittelhochdeutschen Sprachperiode in die deutsche Bauernsprache sich eingedrängt.[1]) Es ist klar, dass diese Gattung von Fremdlingen ebensosehr für die Sprach- als für die Kulturgeschichte von Wichtigkeit ist. Man darf ihnen aufgrund dessen zum grossen Teil eine Art von Daseinsberechtigung nicht absprechen. Übrigens sind etliche von ihnen jetzt fast verschollen, andre im Absterben begriffen, wieder andre erhalten sich lebenskräftig. Manche von diesen aus dem Französ. stammenden Fremdwörtern finden sich auch im Dialekt andrer deutscher Stämme, so bei den Alemannen (Hebel!), im bayrischen Franken, in Oberbayern (hier aber noch mehr Italienisches!), in der Frankfurter Gegend, am ganzen übrigen Rhein, in

---

[1]) Über solche Unterschiede und Klassenabstufungen bei der Frage nach der Lebensdauer und Existenzberechtigung der Fremdwörter s. Tobler „Die fremden Wörter in der Deutschen Sprache" (Vortrag), Basel Schweighauser Verl. 1872, S. 35 u. 36.

der Hunsrücker Mundart, an der Mosel und selbst im Plattdeutschen z. B. bei Fritz Reuter — vom Elsässer und Deutschlothringer Dialekt ganz zu schweigen.

Vielleicht setzt es sich einmal jemand zur Aufgabe, die in den einzelnen Landschaften und Mundarten Deutschlands vorkommenden französischen Ausdrücke mit einander zu vergleichen und darauf hin näher anzusehen, wann sie nacheinander Eingang bei uns gefunden haben. Es wäre dies ein wertvoller Beitrag zur noch nicht geschriebenen Geschichte des Fremd- und Lehnwortes in der deutschen Sprache.

Für die Pfälzer Mundart fliessen die geschichtlichen Sprach-Quellen nicht sehr reichlich; es ist schwer, ältere Sprachdenkmäler mit mundartlicher Färbung beizuschaffen, und doch ist dies nötig, wenn das zukünftige Idiotikon auf einer breiten, durchaus zuverlässigen Grundlage ruhen soll.[1])

Was die uns hier angehenden Gallicismen (im weitern Sinn des Wortes) betrifft, so gelang es mir noch nicht, eine litterarische Quelle aus früherer Zeit zu entdecken, die nennenswerte Ausbeute geboten hätte. Nur die bekannten Briefe der „Liselotte", der Herzogin Elisabeth Charlotte von Orléans, sind eine reiche Fundgrube für pfälzische Idiotismen, aber gerade für unsern Zweck nur mit grosser Vorsicht zu benützen, da man in sehr vielen Fällen nicht wird entscheiden können, ob Elis. den franz. Ausdruck aus ihrer Heimat mitgebracht oder erst in Frankreich sich angewöhnt hat. Meine Quellen sind demnach einmal der Volksmund selbst und dann die Erzeugnisse der pfälzischen Dialektlitteratur, also vorzugsweise die Gedichte von Barack, von Kobell, Lennig, Nadler, Schandein und Woll. Doch fand ich mehr Stoff in der ersten als in der zweiten von diesen beiden Quellen. Mit schätzenswerten Mitteilungen unterstützten mich bei meinen Nachforschungen die verehrten Herren

---

[1]) So sind Urkunden benützt z. B. von Follmann für seine gediegene Darstellung der „Mundart der Deutsch-Lothringer und Luxemburger", Beilage zum Programm der Metzer Realschule in 2 Abteilungen, 1886 u. 1890.

Kollegen Stichter, Reeb und Dr. Tüchert, wofür ich ihnen hier bestens danke. Am meisten aber hat mich zu Dank verpflichtet Herr Kollega Dr. Heeger am Gymnasium in Landau, der auf meine Bitte die in Landau und Umgegend noch zahlreich umlaufenden, grösstenteils sehr interessanten franz. Bestandteile der Volkssprache eifrig gesammelt und in uneigennütziger Weise mir zur freien Verfügung mitgeteilt hat. Da mir der Raum dazu fehlt, so unterlasse ich es, eine Anzahl solcher fz. Wörter, über die ich früher geschrieben habe[1]), hier aufs neue zu besprechen, und indem ich ebenso die Erörterung anderer, die ich nachher einsammelte, für ein andermal zurückstelle, veröffentliche ich im Folgenden die genannte Sammlung von Landavismen, d. h. franz.Wörter und Redensarten aus der Stadt Landau und ihrer Umgegend, sowie verschiedene anderswo vorkommende nach dem ABC in möglichster Kürze.

*Abbá* in der ganzen Pfalz häufig gebraucht für „Ei was? Oh nein!", oft mit geringschätzig ablehnendem Sinn, dürfte eher das franz. *ah bah!* als die deutsche Interjektion „pah!" sein. *Absolumain* (mit nasaliertem n), fz. *absolument* „durchaus, unter allen Umständen", wofür man sonst „absolut" sagt, kann man mitunter noch aus dem Mund älterer Leute hören.[2])
*Apartig*[3]) „sonderbar, seltsam", z. B. e ap. Kerl = ein gespassiger Kerl, mit dem nichts Gescheidtes anzufangen ist, = fz. *à part*, hochd. *apart*, mit angeschweisster deutscher Nachsilbe *ig*. *Affrunt*, auch *Affrúnn*, „schwere Beschimpfung, Beleidigung" = fz. *affront*, z. B. „einem den A. anthun", bei den Bauern gebräuchlich, ausserdem in Landau das Adj. *affruntierlich* „schwer beleidigend". *Alkoof* wird in Landau und sonst ganz wie frz. *alcôve* ausgesprochen, ist also wohl Entlehnung aus dem Französ.; die deutsche Form Alkoven

---
[1]) Im Unterhaltungsblatt zum „Pfälz. Kurier" 1886 Nr. 142, 144, 145, 146, 147.
[2]) Vgl. „E Meddagesse en Humborg" in der von *J. Schreyer* herausgegebenen „Poetischen Blumenlese aus der Pfalz", Jahrg. 1887 S. 210.
[3]) Man beachte zu diesem und zu allen folgenden Wörtern, die k, p, t enthalten, das oben über die pfälzische Aussprache dieser Laute Bemerkte!

kennt man nicht. *Amblochierl*, e Amblochierder = ein Beamter, ein fest Angestellter, sei es ein höherer oder niederer Beamter, *employé*; die Bezeichnung kommt namentlich auf dem Land noch vor, doch ist sie im Abgang begriffen, wie viele aus der Zeit der französischen Herrschaft stammende fz. Wörter. *Ambuschur* bedeutet in der Landauer Gegend die Mundstellung beim Blasen eines Instruments = *embouchure* „Mündung, Mundloch". Das in *Baracks* „Der Drumbeder vun Wallstadt" (München 1880) sich findende Zeitwort *ambuschire*[1]) = *emboucher* „den Mund an die Oeffnung des Blasinstruments setzen" scheint selten vorzukommen. *Amisamé!* so rufen die Landauer Jungen den auf der Strasse herumlaufenden Masken zu. Offenbar ein Ausdruck französischen Ursprungs, nach *Dr. Heegers*, wie ich glaube, ganz richtiger Erklärung aus „*amis amis*"! = „Freunde, Freunde!" entstanden.

*Andundl* nennt man in Landau eine Art Wurst, die aus ineinander gezogenen Därmen besteht. Sie wird gesalzen, getrocknet und später gewöhnlich in Erbsen-Püree aufgekocht: es ist das frz. Wort *andouille* „Fleisch-Schlack-Leberwurst". *Angläs*, auf der vorletzten Silbe betont, eine sog. Angläs-, d. h. weisse Wein-Flasche, bouteille *anglaise*. *Addrabiere* und *addrabiert* in der ganzen Pfalz sehr gebräuchlich für „ergreifen, festnehmen" = *attraper, attrapé*. *Bajass* durchweg in der Pfalz gebr. für „Seiltänzer, Jahrmarktsgaukler", der als „*Mussjee* (monsieur) *Bajass*"[2]) die Vor-

---

[1]) Das n der Infinitivendung fällt im Pfälzer Dialekt regelmässig ab (ausser bei „thun"). — Vom dtsch. Worte „Busch" kommt das Ztw. „herumbuschiere", eigtl. im Busch herumsuchen, sich genau umsehen, herumstöbern.

[2]) Auch in übertragenem Sinn steht *Bajass* für „Hanswurst", z. B. in der sehr beliebten Redensart „einem den B., d. h. Hanswurst, machen" soviel wie einem die Kastanien aus dem Feuer holen, für einen andern ein unangenehmes oder beschwerliches Geschäft verrichten, ohne Dank dafür zu ernten, = sich zum Narren halten lassen, z. B. „Er soll mer de Buckel nuff steige, ich hab 'm lang g'nunk de Bajass g'macht." Einen ganz ähnlichen Sinn hat die Redensart „einem den *Meckes* machen", (d. h. wie ich vermute, den *Max*), d. h. den Tölpel, den guten, dummen Kerl. Auf dem Land belegt man ein Mädchen, das sich nach städtischer Mode ordentlich herausputzt, oft mit der beschimpfenden Titulatur „das iss e rechter *Bajass*!"

stellungen durch seine Witze einleitet. Die Aussprache des Wortes beweist, dass es das entlehnte frz. *paillasse*, nicht etwa it. bajazzo, ist. *Bambuschl* sagt man in Landau für „Zechgelage", z. B. „er hott widder e Bambuschl gemacht." Ähnlich ist der in der ganzen Pfalz sehr beliebte Ausdruck „er hott widder e *Duur* (*tour.* = Anfall, Periode) gemacht oder g'hatt," so sagt man z. B. von einem, der ordentlich betrunken war oder längere Zeit gelärmt, getobt hat. Es ist das frz. *bamboche* mit dem verkleinernden und kosenden dtsch. Suffix „*el*" in der übtr. Bed. „ausgelassene Streiche", faire des oder ses bamboches „ein lüderliches Leben führen", aber auf das Übermass im Trinken beschränkt. Auch im Frz. bedeutet *être bamboche* betrunken sein, ein *bambocheur* ist ein Kneipgenie und *bambocher* = ein ausschweifendes Leben führen. Dieses Zeitwort, durch die Vorsilbe „ver" unserm Sprachgefühl näher gerückt, finden wir wohl als *ver—bombaschiere* oder *ver—bumbaschiere* (mit Vertauschung der Vokale?) in der Bdtg. „verthun, vergeuden, verschwenden" noch häufig in der Pfalz gebraucht. So kann man z. B. hören: „Der hott sein ganz Vermee'e (Vermögen) *verbumbaschiert*." Doch ist es leicht möglich, wie ich denke, dass dieses Ztw. eher auf frz. *bombance* Gasterei, Wohlleben, üppiger Aufwand, *faire bombance* flott leben, zurückgeht. Dafür spricht besonders die Gleichheit der Vokale, der Nasal in der Nachsilbe konnte leicht unterdrückt werden. Bisweilen hört man in Landau noch *Bandalon* = *pantalon* für „Hose". Einen richtigen Schwätzer nennt man dort scherzweise einen *Bárlewu* = *parlez-vous?*[1]) *Bárroo* = *barreau* „Sitz des Verteidigers vor Gericht, Advokatur" kann man in der Landauer Gegend besonders von Bauern hören

---

[1]) Dem Volke schwebte offenbar von der Franzosenzeit her als Urbild eines solchen ein echter „wusseliger", immerfort gestikulierender und *parlierender* Franzose vor, den es kurzweg als „Parlez-vous?", nämlich „français?", bezeichnete und festhielt. — Allbekannt in der Pfalz ist die hiemit zu vergleichende scherzhafte Redensart: „*Barlewu* Frankenthal?" (Parodie von „parlez-vous français"?) mit der Antwort: „3 Schdunn (Stunden) vun Worms."

als Bezeichnung des Gerichts, z. B. „ich kumm' vum B." oder „er isch uff'm B. gewest." Vgl. *Hüssjee* = *Hüssjee* und verkürzt *Huss* für Gerichtsvollzieher = *huissier*. *Schmies* = *chemise*[1]) für Aktenumschlag. *Parkett* = *parquet* für Staatsanwaltschaft und andere mit dem französischen Rechtswesen in die Pfalz eingewanderte Ausdrücke! *Bastion* und *Boddern* in der gleichen Bedeutung wie *bastion* und *poterne*, d. i. Ausfallthor, erinnern uns an die frühere langjährige Festungseigenschaft der Stadt Landau.

*Badröll* kommt im Sinn von *patrouille* in L. vor; das davon abgeleitete Ztw. „'erum*badrolliere*" = „neugierig herumlaufen" kommt m. W. auch sonst vor;[2]) das Subst. *Badrollör* (patrouilleur gibt es im Französischen nicht!), d. h. einer, der den ganzen Tag herumläuft, um zu sehen, was es Neues gibt, einer, der die Nase in alles steckt, ist als Landauer Neubildung zu bezeichnen. *Biffe* für „trinken" hört man in Dürkheim und sonst an der Haardt, z. B. „der kann d'r (= dir) awwer biffe", d. h. tüchtig trinken. Dies ist augenscheinlich der Stamm buv — von boire, trinken, zur Bildung eines pfälzer-deutschen Verbums verwendet. Vg. fz. un *francbureur* = einer, der gehörig schlucken kann. Das *Biffee* = *buffet* sagt man auch in der Pfalz statt „Anrichte, Schänktisch". *Bischu* = *bijou*[3]), Kleinod, ist eine in der Pfalz häufige Bezeichnung für Schosshunde. Kleine Hunde ruft man auch oft *Ssuri* = *souris* „Maus" in liebkosendem Sinn. Allbekannt ist, dass die Pfälzer länger als ein Jahrhundert hindurch den Namen des Pfalzverwüsters General *Mélac* dadurch der verdienten Verachtung preisgaben, dass sie Hunde so benamseten.

---

[1]) Dagegen *Schmisétt* = *chemisette* und *Schmisédd*-che (Dem.) bedeutet ein Vor- oder Überhemdchen.

[2]) Im Franz. bedeutet *patrouiller* 1. unsauber mit etwas umgehen, herumpantschen, 2. = *aller en patronille*, patronilliren. Vgl. *être en p.*, *faire p.* und *se mettre en patrouille* = bummeln, von Kneipe zu Kneipe die Runde machen. — Vorbild für *Badrollör* war wohl *Kontroleur*, gespr. *Kundrollör*.

[3]) Ein Hofgut in der Nähe von Zweibrücken führt von der herzoglichen Zeit her noch jetzt den Namen *Mônbijou*.

*Bubeller* sagt man in Landau für Schmetterling: wir haben hier ohne Frage das entstellte franz. Wort *papillon* (= l. papilio) vor uns. Zur Verdunklung des Vokals der drittletzten Silbe hat wohl die Anlehnung an dtsch. „Bupp" = Puppe, aus welcher der Schmetterling entsteht, mitgewirkt, und ebenso das Genus des deutschen Wortes bei der Andeutschung der Endsilbe: der Bubell-*er*. Das frz.Wort *papillote* Haarwickel, dann Papierwickel, z. B. côtelette en p. in Papier gebackene K., ist in der Pfalz üblich zur Bezeichnung von Bonbons und anderem kleinem Zuckergebäck, das in dünnes, farbiges Papier eingewickelt ist, fz. (dragées en) *papillotes*, gespr. *Babellódde*, verkleinert *Bawellóddchen.

*Bulwérss'man* (mit Nasalierung) sagt man nicht blos in Landau, sondern auch sonst in der Vorderpfalz gern für „Wirrwarr, Durcheinander" -- *boulcrersement*. *Büschon* (mit Nasalierung) -- *bouchon* wird noch da und dort für „Stöpsel, Pfropfen" gesagt, in Landau ist das Wort in dieser Bedeutung wenig gebräuchlich, dagegen heisst dort der Pfropfenzieher fast nur der „*Buschon* Zieher". Auch in der Pfalz ist *Boschkett* oder *Buschkett* für *bosquet* jedermann geläufig (*Andresen* Über deutsche Volksetymologie 5. Aufl. S. 123). Will der Mann oder die Frau aus dem Volk den Begriff „Körperhaltung, Körperbau" ausdrücken, so wird in der ganzen Pfalz dafür *Buschdúr* gesagt, d. i. *positure*, mit Beibehaltung der franz. Betonung auf der Endsilbe, z. B. „Was dér e scheeni Buschdur hott!" Man vgl. das gleich auslautende Wort *Mundúr* für „Anzug, Kleidung", insbesondere heisst der Sonntagsanzug beim Arbeiter, Kleinbauern und Kleinbürger stets die „Sunndags- oder die gut' Mundur", „sich e' neui M. kaafe" u. s. w. = fz. *monture* „Ausrüstung" in verengertem Sinn. Übrigens kommt das Ztw. *muntieren* „ausrüsten", verbunden mit striten und turnieren, schon im Mhd. vor[1]), =

---

[1]) Im Französischen wird der dem Worte innewohnende Hauptsinn „Ausrüstung" (eig. bedeutet monture „Reittier" von monter) nicht auf die Kleidung bezogen, vg. *Sachs* Enc. fz.-dtsch. Wtbch. S. 1011. — Auch in Mittelfranken nennt das Volk die Kleidung *Mundur*.

fz. monter. it. montare, s. *Lexer* Mhd. Hdw. I. 2235. *Bouton*, richtig ausgesprochen (nur d für t!) sagt man noch ziemlich oft, doch nicht überall ausschliesslich für „Ohrgehänge". In der Gegend von Germersheim unterscheidet man zwischen „Ohrring" und bouton: die kleinen, etwa 6jährigen Mädchen bekommen „Ohrringe", d. h. einfache Ringlein von Gold; die grösseren Mädchen erhalten, namentlich bei Gelegenheit der Konfirmation, boutons, d. h. Ohrgehänge, die oft ziemlich gross sind. Da sie hin- und herbaumeln (pf. „bambeln"), so nennt man diesen Ohrenschmuck auch „Ohre*bamble*". Für „Zimmerdecke" ist durchgehends in der Pfalz das frz. Wort *plafond*, gespr. *Blaffon* (mit Nasalierung), in Gebrauch. In früherer Zeit waren in Zweibrücken in besseren Wohnungen französische Kamine in Gebrauch; man benannte und benennt sie noch jetzt, wo sie vorkommen, oder wenn die Rede darauf kommt, *Schminee = cheminée*. In Landau heissen die blauen Kugeln, die beim Waschen zum Färben des Wassers dienen, *Blöö*. Es ist wohl wahrscheinlicher, dass dieses Wort aus dem Französischen entlehnt ist = *bleu* blau, als dass es etwa auf eine mundartliche Entstellung des deutschen „blau" = pf. bloo zurückgeht. Findet sich der Ausdruck auch anderwärts? *Blärre* im Sinn von „weinen", also das entlehnte frz. *pleurer*, sagt man, insbesondre, wenn es sich um Kinder handelt, bei uns an vielen Orten. Doch ist zu beachten, dass man, wie ich bestimmt weiss, manchenorts auch das (zumeist trotzige) Schreien der Kinder, das ja freilich oft mit Weinen verbunden ist, als „blärren" bezeichnet, so „Blärrhals" — Schreihals! In diesem Fall nun haben wir dtsch. *plärren* (Geplärr) = mhd. plarren und plerren, blerren, Nbff. von *blêren* blöken, schreien (Lexer I 303) vor uns. Es leuchtet ein, dass, wie die zwei Thätigkeiten selbst oft eng verbunden erscheinen, auch beide Wörter, das französische und das deutsche, im Sprachgebrauch des Volkes nicht genau auseinandergehalten werden, sondern vielfach durcheinandergehen und zusammenfliessen. *Brasserie*, das im Reichslande leider noch unvermeidliche Wort für „Brauerei", wird in der früheren französischen Festung und Garnisonsstadt Landau nur selten noch gebraucht. Doch heisst das Haus in der Königsstrasse, in dem sich früher die Brauerei Schneider befand, im Volksmunde nicht anders als „Brass'rie". Den Wachtmeister einer Gensdarmeriestation nennt das Pfälzer Volk *Brigaddjee* = *brigadier*. Offenbar bezeichnete das Wort zur Zeit der französischen Herrschaft diese Charge, während man jetzt in Deutschland unter einem Brigadier einen Brigadegeneral oder Generalmajor versteht. Nach Sachs bezeichnet frz. *brigadier* 1. früher im kgl. Heer einen zwischen dem maréchal de camp und colonel stehenden General, 2. Korporal bei der Kavallerie und br. de *gendarmerie* G.-Wachtmeister. *Defoo défaut* = Versäumnisurteil, z. B. in der Verbindung „e Defoo nemme" ist den Bauern der Landauer Gegend ganz geläufig. *Debäuse* Pl. (nasaliert) für „unnötige Ausgaben, Aufwand", und *Debanse* mache = Aufwand machen, auf grossem Fuss leben ist allgemein pfälzisch = *dépense*, faire de la dépense. *Déboo* = *dépôt* kennt das Pfälzer Volk nicht in dem Sinn von „Niederlage, Aufbewahrungsort, Magazin", wohl aber im Sinn von Haftort, vgl. fz. mandat de dépôt Verhaftungsbefehl, dép. de la préfecture de police vorläufiges Polizeigefängnis, dép. de mendicité Arbeitshaus. Beachtung verdient, dass das Volk genau zwischen Haft- und Gefängnisstrafe unterscheidet: nur diejenigen Arresthäuser, wo man eine Haftstrafe verbüsst, also das Amts- und Landgerichtsgefängnis, und die Zentralanstalt nennt es Déboo.[1] Für Gefängnis sagt man ausserdem gern „'s *Kiddche*", „ins Kiddche kumme" (judendeutscher Ausdruck!). In meinem Heimatsstädtchen Otterberg heisst im Volksmund das Amtsgerichtsgefängnis auch der „*gáscho*" = fz. *cachot* Kerker, Gefängnis.[2]) Ebenda wird der Verwalter des *Gascho* gern

---

[1]) Wenn ein Häftling in die Zweibrücker Gefangenenanstalt eingeliefert und gefragt wird, ob er schon Vorstrafen gehabt habe, lautet in der Regel die Antwort: „Ich bin (emol) nor im *Deboo* gewest."

[2]) Der Nebenbegriff, den das fz. Wort hat, „tiefes, dunkles Gefängnis, Kerker, Loch", fehlt beim pfälzischen cachot. — Der „Tralljewert" erinnert

vom Volkswitz als der „*Drallje—wert*". d. h. Tralljen-
wirt, bezeichnet. Drällje nennt nämlich der Pfälzer eiserne
Gitterstäbe, z. B. vor Fenstern. Gitterwerk; es ist fz. *treille*.
(lat. trichila) Weinlaube. Weingeländer, mit Reben über-
wachsener Gang, veraltete Bdtg.: Sprech-Chor*gitter* in Nonnen-
klöstern, vgl. treillis Gitterwerk, Gatter, treillage Gitterwerk.
*Dinick* (die) = *tunique* ist in Landau und sonst in der
Vorderpfalz der bei den Frauenzimmern allgemein übliche
Ausdruck für „Oberkleid", auch auf dem Lande. Im Westrich ist derselbe beim Volke m. W. nicht gang und gäbe. Im
Französischen bezeichnet *tunique* unter anderm auch einen
„offenen Damen-Oberrock" (s. Sachs!). Quae mutatio rerum —
et vocabulorum! möchte man ausrufen, wenn man die Geschichte dieses Wortes von der altrömischen tunica an
(hemdartiges Gewand mit kurzen Aermeln, das von Männern
und Frauen auf dem Leib getragen wurde, darüber die toga,
bzw. stola und palla) bis zur modernen „dinick" überdenkt!
*Dubiere* = *duper, düpieren* der Schriftsprache, allgemein
gebr. für „an- (hinter's Licht) führen, zum Narren halten";
daneben hört man häufig „dubbe", z. B. in Wolls Gedicht
„Die Sternschnuppe" („Und loss dich so nit *duppe*!"). Ein
ganz anderes Wort ist das zufällig gleichlautende *dubbe*
„stossen, schlagen, treffen", z. B. „er isch gedubbt worre" =
er hat Prügel bekommen, von unzweifelhaft deutschem Stamm:
wie ich glaube, mit ags. dubban „einen Schlag versetzen,
anrühren", zusammenhängend. Auch *dusche* ist in der Pfalz
volkstümliche Bezeichnung für „schlagen, durchhauen" = fz.
*toucher* berühren, stossen, treffen. Ein andres mehr im Scherz
von Gebildeten gebrauchtes *dusche* ist *doucher*, eigtl. einen
unter die Douche nehmen, einem ein Giessbad zuteil werden
lassen (im Frz. nur im eigentl. Sinn!), im übtr. Sinn: einen
schön anlaufen oder abfahren lassen, einen mit Worten so
heruntermachen, dass er ganz betreten wird und nichts mehr
zu sagen weiss. *Düschur* = *toujours*, auch in Mittelfranken,

fast an die ironische Bezeichnung des Hades = der Unterwelt bei den
alten Griechen: παρδοχεύς der alle aufnimmt, d. i. Gastwirt.

d. h. „immerfort, unausgesetzt, mit häufiger Wiederholung", hört man zwar nicht selten, doch scheint dieses Wort eines von denen zu sein, die mehr und mehr an Boden verlieren und abkommen. Nachzutragen ist hier noch *Dubb'l = double*, bes. in der Verbindung „Dubbelscigarren", d. h. schlechte C., noch üblich, weil man früher einen halben Kreuzer *Dubb'l* nannte und fz. double „doppelt" auch ein Zweipfennigstück bezeichnete: nach Sachs „Doppelheller" d. i. kleine, alte Kupfermünze = $^1/_6$ sou oder 2 deniers. Der Ausdruck *dudmämschoos = toute même chose* in der gleichen Bdtg.: „ganz gleich, ganz dasselbe, kein Unterschied" z. B. „das isch ganz dudmämchoos" = das ist ganz gleich, ganz dasselbe, ist in der Landauer Gegend noch sehr häufig. Auch in der Westpfalz habe ich ihn aus dem Munde älterer Leute mitunter vernommen, das nachwachsende Geschlecht jedoch gebraucht ihn kaum. *Doucement*, richtig ausgesprochen und als Adverb gebraucht, oft verstärkt durch „ganz" = ganz sachte, still, geräuschlos, unvermerkt", nicht selten mit der angehängten, die Bedeutung verringernden oder in kosendem Sinn gebr. Nachsilbe = che(n), ist überall in der Pfalz geläufig.

Ein häufiges Wort ist *erkowere(n), sich erkowere(n)* im Sinn von „sich erholen von einer Krankheit, wieder zu Kräften kommen, wieder gesund werden", öfter mit „wieder" verbunden, gehört so recht dem eigentlichen Sprachschatz des Volkes in den verschiedenen Gegenden der Pfalz an, zunächst von Menschen, aber auch von Tieren gesagt. Das Wort geht in die mittelhochdeutsche Sprachperiode zurück, da er-koveren und er-koberen 1. erholen, gewinnen, zusammenhalten,[1]) 2. refl. sich erholen bei Hartmann von Aue, Konrad von Würzburg und in andern Quellen vorkommt, s. Lexer I 643, DWB. 3, 879 und Vilmar Idiotikon von Kurhessen S. 214. Es ist dies ein altes Lehnwort, nämlich das fz. *recouvrer* wiedererlangen, insbesondre la santé = die Gesundheit, ( lat. *recuperare* sc. bonam valetudinem), also soviel wie l. reconvalescere, englisch: recover.

---

[1]) Auch jetzt noch mitunter so gebraucht.

Die in vielen Gegenden Deutschlands und auch in der Pfalz dem Volksmunde angehörige beliebte Redensart „sein *Fett* haben oder kriegen, einem sein Fett geben" hat man schon öfter auf die ungefähr entsprechenden frz. Ausdrücke „avoir son *fait*, donner oder dire à qu. son *fait*" zurückgeführt (einem seine Sache, d. h. was ihm gebührt, geben), auch *Fett* aus fz. faire *fête* à qu. einem viel Ehre anthun, ironisch: ihn schelten, erklären wollen, allein nach Andresens a. a. O. S. 20 richtiger Bemerkung ist das deutsche Wort als solches zur Erklärung ganz ausreichend. „Das Fett ist der beste Teil, der Vorteil, steht aber hier ironisch im Sinne des schlimmen Teils, des Nachteils", vgl. auch Grimm Wtb. 3, 1572. — Aus der Fachsprache der Modistinnen ist bei uns in den Volksmund übergegangen *Fischee — fichu*, dreieckiges Halstuch für Frauen, ebenso *Blissee* Faltengarnierung *plissé* „das Gefältelte, Falte" von *plisser*. Das nur den Gebildeten und Besitzenden geläufige Wort *fauteuil*, gespr. *fodäll*, erscheint oft in der Zusammensetzung „Fodällstuhl"; diese Tautologie findet ihre Seitenstücke an „Bläsierver-gniege, Mozionsbewegung", was übrigens mehr im Scherz gesagt wird, und an der in Mittelfranken üblichen Zusammensetzung der zwei gleichbedeutenden Worte „Kuwert"[1]) und Decke zu „Kuwert-Decke, ebenso Wasch-Laffoor (lavoir). Vgl. auch Schalksknecht u. ä.! *Finätt — finette* femin., d. h. „pfiffig", kommt öfters als Name für kleinere Hunde vor. Auch ausserhalb der Pfalz nennt das Volk scherzhaft einen Schlaukopf, einen Pfiffikus einen *Föggedif* oder *Függedif*. Man hat den sonderbaren Ausdruck auf *Vocativus* zurückführen wollen, auch an die Kniffe der Ad-*vokaten* gedacht (Andresen S. 238), andere wollen darin fz. *fugitif*, flüchtig, wiederfinden, mir erscheint keiner dieser Deutungsversuche

---

[1]) Auch in der Pfalz sehr gebr. für Bettdecke. *Blimmo* (vorletzte Silbe betont!) sagt man in der Pfalz wie anderwärts für Federdeckbett = frz. *plumeau*. — *Kuwert* sagt man auch für „Gedeck" bei Tisch; ein Brief-*Kuwert* ist ein Briefumschlag. Fz. *couverture*, = mhd. covertûre, covertiur „schützende und schmückende *Verdeckung* des Rosses".

ganz zutreffend und einwandfrei. *Forssmaschör force majeure*, höhere Gewalt, kann man überall hören; z. B. wenn ein Eisenbahnzug im Schnee stecken bleibt oder die Rheindampfer bei Hochwasser nicht fahren können, so sagt man: „das is forssmaschör, do kammer (kann man) net driwwer (darüber) 'naus." Vereinzelt kam mir schon zu Ohren *Friko* im Sinn von „Genuss, Labsal" inbezug auf eine Mahlzeit — fz. *fricot* 1. Fleischgericht, Ragout, 2. gutes Essen, vgl. *fricoter* 1. Fleischgerichte zubereiten, braten, brodeln, 2. gut essen und trinken, vgl. auch *fricasser*!¹) *Galosch*, Mehrzahl *Galösche*, für „Überschuh", *galoche*, wird gegenwärtig seltener gebraucht als früher. Bei Pirmasens sagt man, wie mir zu Ohren kam, *Gallerei* in der Bdtg. „Gallerte"; auch das fz. *gelée* (auch ein pf. Küchenausdruck!) hat diese Nebenbedeutung. Zur Bildung von Gallerei scheint das Wort Galerie mitgewirkt zu haben. *Gasket* (Ton auf der letzten!) sagte man früher gern für den Helm des Soldaten = *casquet (casquette)*; soviel ich weiss, gehört auch dieses Wort zu den nach und nach aus dem Umlauf kommenden.

In Landau geht man immer noch „uff'm *Glassi* spazieren", obwohl jetzt nach der Entfestigung kein *glacis* mehr vorhanden ist. *Klicker* oder *Glicker* (der) nennt der Pfälzer kleine, runde Marmorkugeln, die als Knabenspielzeug dienen, - „Schusser" in Altbayern, „Merbel" d. h. Marmor im Schmalkaldischen, im übrigen (Kur-) Hessen „Wacken, Üller oder Schosser" genannt (Vilmar 269). Es ist fz. *cliquart*, d. i. nach den Wtbch. „eine Art Bruchstein, e. A. sehr guten Bausteines".²) Wann ist wohl das Wort bei uns aufgekommen? In Walsheim, zwischen Zweibrücken und Saargemünd gelegen, soll man für „Grossvater", fz. *grandpapa*, Grampa

---

¹) Die pfälzische Küche ist bekanntlich stark bei der französischen in die Schule gegangen. Kein Wunder daher, dass sich sehr viele fr. Bezeichnungen, die sich auf die Küche und das Gasthofwesen beziehen, bei uns eingebürgert haben.
²) Aus solchem werden die Spielkugeln gemacht. Im Englischen heissen sie *marbles* = Marmorsteinchen. Auch in der Pfalz heisst man stellenweise, wie ich höre, die ganz grossen „Glicker" Marwel oder Merwel.

sagen.¹) Die Johannisbeere heisst bei den Franzosen *groseille* (l. ribes *grossularia*, das Stammwort des fz. Wortes!), in Deutschland auch Kräusel(-beere). Demnach ist es fraglich, ob die pf. Bezeichnung Grusel-, und daneben im Westrich öfter auch Gruschelbeere, auf groseille zurückgeht oder mundartliche Aussprache für „Kräusel" ist. Für letztere Ansicht spricht der Umstand, dass in der Pfalz das Stammwort von Kräusel: kraus als Adj. kruss-el(ig) lautet, z. B. e Krussel-kopp d. i. Krauskopf, einer mit krausem Haar.

*Grummele* „vor sich hinbrumme(l)n, murmeln" (in mürrischem Ton) kann das entlehnte fz. *grommeler* (grommeleux brummig, mürrisch) sein, doch ist es vielleicht auch eine lautnachahmende deutsche Neubildung, in welcher sozusagen „grunzen, brummen und murmeln" zusammengeflossen wären. Das echt volkstümliche Wort „*Gegümmer*" für „Gurke", daneben die „Gummer", ist auf keinen Fall ein blosser Lautabklatsch von fz. *concombre* (l. cucumis), sondern, ich möchte sagen, eher eine halb selbständige deutsche Nachschöpfung unter Einwirkung des fremden Vorbildes, indem das Volkssprachgefühl die fremde Reduplikation durch unser Präfix „ge", das ja auch kollektiven und wiederholenden Sinn hat (vgl. Getier, Geschwätz!), ersetzt und, abgesehen von der Vokalverdunklung, Lautangleichung hat eintreten lassen.

Ob noch irgendwo ausserhalb Landaus *Hangar* für Wagenschuppen = fz. *hangard* (lat. augaria, angarius, augario)²)

---

¹) In Habkirchen an der Lothr. Grenze sagt man vielfach *Bam-papa* f. Grossvater, *Bammamme* f. Grossmutter, ferner noch *Ressewör* = *receveur* für „Einnehmer", *Ridoo* f. Vorhänge, Gardine = *rideau*, *Boddine* = *bottine(s)* f. Damenstiefelchen, *Mudar* f. Senf = *moutarde* (ausschl.!), *Purédde* statt Lauch = *porrette*, vgl. por(r)eau (lat. porrum), *brodiere* f. sticken = *broder*, *Kolé* für Kragen = *collet* u. a. m.

²) Das lateinische Wort ist selbst Lehnwort aus dem Griechischen: ἄγγαρος (Äsch. und Xen.) und ἀγγαρήϊον (Herodot), und die Griechen wiederum hatten es von den Persern übernommen, die mit angara einen berittenen Eilboten, die königliche Reitpost, bezeichneten, vgl. meine Doktor-Dissert. „Die Perser des Äschylus als Quelle für altpersische Altertumskunde", Erlangen 1877, S. 62 und 63. — So wandern Kulturlehnwörter Jahrhunderte, ja Jahrtausende hindurch, z. B. dieses aus dem alten Persien bis zu den Ufern der Queich!

im Volksmund lebendig ist, weiss ich nicht; früher war das Wort in Landau einheimisch. Jetzt noch gibt es dort ein Haus, das beim Volk nur „Hangar" heisst: sein Besitzer, Herr Kaufmann Scharff, wird allgemein der „Hangar-Scharff" genannt. — In Zweibrücken nennen manche ältere Leute mitunter noch das kgl. Landgestüte „die *Arre*" oder „der *Harras*" == fz. *haras*, ausgesprochen *ara* „Gestüt, Stuterei;" auch dieses Fremdwort wird bald ganz in Abgang kommen. Sehr verbreitet ist in der Pfalz *hassediere* für „wagen, auf's Spiel setzen" — *hasarder* mit Ausstossung des r vor d, (vgl. Scheddrung == Cherdron!), z. B. er hott's hassediert; do kammer (= kann man) nix im voraus sa'n (sagen), das mussmer hassedeere. *Riskieren* — *risquer* ist dem Volk weniger geläufig. *Kaas* bekannte *Bureau*[1])bezeichnung für „*Fach*", (vgl. Schmies == chemise!) — *case* (lat. u. it. casa) 1. Häuschen, Hütte, 2. Feld im Damen- und Schachspiel, 3. *Fach*, Abteilung in einem Schrank, Kasten, Register. Statt *Korporal* sagt das Volk meistens *Kaperal* == (fz. caporal.[2]) *Karlin* (fz. carolin) hiess eine deutsche Goldmünze im 18. Jahrh., die schon längst ausser Geltung gesetzt ist; dennoch rechnen die Pfälzer Bauern bei Viehverkäufen noch häufig nach „Karlin" = 11 Gulden rhein., und erst nach Abschluss des Handels wird die betr. Summe in Mark und Pfennig umgerechnet. Die Aussprache beweist, dass dieses Wort nicht aus Frankreich zu uns gekommen ist, sondern in Deutschland seine Heimat hat. Auch von Goethe und Schiller wurde es gebraucht: Karolin, Karlin (*Kehrein*, Fremdwörterbuch S. 314). Der Frauenname *Kárlin* Karoline wird durch die Betonung der vorletzten Silbe von der Bezeichnung dieser Münze unterschieden. Bisweilen rechnet man auf dem Lande auch noch nach *Luidoor* == louisd'or. *Karótte* == carotte für Mohrrübe,

---

[1]) Dieses frz. Wort, das so leicht durch „Amts-Geschäfts-Schreibstube" zu ersetzen ist, wird leider bei uns überall und von jedermann gebraucht.

[2]) Eine bekannte Anekdote lautet: Eine Frau wurde einmal gefragt, was ihr Sohn beim Militär sei. Sie antwortete: „'s alt sich: ich weess net, iss er General orre (oder) gar Kaperal."

kleine Gelbrübe wird fast ausschliesslich gebraucht, ebenso *Tomáde* für Paradiesapfel — *tomate*. *Kassróll*, auch entstellt *Kaschdroll*, sagt man noch ziemlich häufig für Schmorpfanne *casserol(l)e*. *Kascholiere* - *cajoler* kosen, verhätscheln, mit übertriebener Artigkeit behandeln, ist allgemein pfälzisch, von Hoch und Nieder gern gesagt. Oft hört man *Kommérss* oder *Kummérss*, auch im Westrich *Kummersch*, d. i. fz. *commerce*, im Sinn von „freundschaftlicher Verkehr von Haus zu Haus, reger Umgang", der durch häufige und wechselseitige Besuche und Austausch von Gefälligkeiten für andere sich bemerkbar macht, z. B. von zwei Nachbarn heisst es: „Die hann alleweil (gegenwärtig) e gross Kummersch minnanner (mit einander), die hann e dicki Freindschaft, das iss de ganze Daag e G'läfs" (Geläufe - - Hin- und Herlaufen). An die Zeit der französischen Herrschaft erinnert die Bezeichnung *Konskri* (mit Nasalierung!) - - *conscrit* für einen, der sich zum Militärdienst stellen muss. Das Volk gebraucht vielfach nur dieses Fremdwort für die mit farbigen Bändern geschmückten, unter Musik und Gejohle vom Land in die Stadt ziehenden gestellungspflichtigen jungen Leute.

*Cornichon*, „Hörnchen, kleine Gurke", hiess ehedem ein Vorwerk in Landau; der Platz, auf dem es stand, heisst jetzt noch „Kornischon". *Kundoir* und *Kundór* = *comptoir* sagt man allgemein für Geschäfts-Schreibstube, Kassenzimmer. Der Ladentisch heisst überall nur „die *Teck*" - - lat. theca, gr. θήκη, vgl. apotheca, Apotheke.[1]) *Kuráder* l. curator bedeutet in der Pfalz „Vormund" und conseil judiciaire (vgl. Code civil § 513), z. B. wenn einem Verschwender ein „Kurator" gesetzt wird, wie fz. *curateur*. Die Aussprache (u, nicht ü!) beweist, dass hier das lateinische, nicht das französische Wort das Urbild ist. Dagegen kennt der Pfäl-

---

[1]) Nach *Söhns* „Die Parias unserer Sprache" (Heilbronn 1888) S. 94 nennt der Rheinländer „das feine Buffet der grossstädtischen Bahnhofswirtschaften" eine „*Theke*", der Braunschweiger und Hannoveraner aber *Tresem*, eigtl. „Verkaufstisch", also soviel wie „Theke", d. i. mhd. *trese*, *tresem*, *tresor* = frz. *trésor* (= gr. θησαυρός) eigtl. „Schatzkammer, Schatz".

zer nicht den *Notar* (l. notarius), sondern nur den *Nóttär* (mit dem Ton auf der vorletzten Silbe!) = *notaire*. Zu den allmählich absterbenden Wörtern, die den Anstrich des Seltenen und Veralteten haben, gehört *Kumbeer* oder *Gůmbeer* *compère*, das auf dem Lande noch (z. B. im Bickenalbthal, im Bliesgau, in der nordwestlichen Pfalz sowie bei Landau) sowohl im engern Sinn für „Gevatter" bei wirklicher Verwandtschaft als auch im weitern (ähnlich wie „Vetter" oder „guter Freund") in vertraulicher Anrede gebraucht wird. Auch bei dem Hunsrücker Volksschriftsteller *Horn* findet sich dieses Wort oft.

*Länder* anstatt „Laterne" sagen die Bauern in der ganzen Pfalz gern; das Wort braucht nicht als Entlehnung aus dem Neufranz., — la *lanterne*, angesehen zu werden, sondern kann ebensogut aus *lanterne*, mittelhd. Nebenform von laterne, · latern (lat. laterna) verkürzt sein. Wie mir Kollege Heeger mitteilt, kommt in der Landauer Gegend auch *Lutzern* für „Laterne" vor. Da das französische Wörterbuch kein dem lat. lucerna „Leuchte" — it. lucerna entsprechendes Wort kennt (*Lucerne* ist der Name der schönen „Leuchte" am Vierwaldstättersee, der Stadt *Luzern*), im Mittelh. aber *lucerne* — *luzerne* „Laterne, Leuchte", eig. u. bildl., häufig vorkommt, so geht das pf. „Lutzern" ohne Frage unmittelbar auf das mhd. Wort zurück, und das Gleiche hat dann wohl auch von dem verschwisterten „Lanter" zu gelten. — In Landau ist sehr gebräuchlich der Ausdruck „die *Lardrétt*", z. B. „die Ladrett geht", für „Zapfenstreich", eine Entstellung aus *la retraite*, wobei die Vorsilbe „re" in der Aussprache fast ganz verschluckt wird. Das Volk verstand *la* als das fremde Geschlechtswort nicht und behielt es daher überflüssigerweise bei trotz der Vorsetzung des deutschen Artikels, ganz wie dies bei „*die* Alhambra, *das* Eldorado" (*al* arab., *el* span. Artikel!) der Fall ist.[1]

[1] Der gleiche Fall liegt vor in „*Die Lawdnder*", volkstümliche Bezeichnung eines Stadtteiles in K'lautern (früher auch in Zweibrücken und jetzt noch in Schifferstadt vorkommend), wahrscheinlich von Haus aus ein Spitzname = *la Vendée* „die Vendée".

*Mankiere*, bes. unpersönlich gebraucht, z. B. „'s mankiert mer (mir) 's Geld", wie frz. il me *manque* de l'argent, kann man da und dort hören, doch m. W. mehr von Gebildeten als aus dem Munde gewöhnlicher Leute. — Da in der Pfalz die französischen Karten üblich sind, so dürfen die allgemein gebr. Bezeichnungen *Manill* = *manille* und *Spadill* = *spadille* uns nicht Wunder nehmen. *Mänsche* für „begierig essen, beim Essen sich den Mund vollstopfen" = *manger* ist einer der bekanntesten frz. Volksausdrücke bei uns, manchenorts heisst es auch *mansch-le* mit angehängter deutscher deminut. Nachsilbe „le", und ein *Mansch-l-er* ist einer, der recht viel essen kann. Auch judendtsch. *áchele* oder *achile* (von hebr. achal, ochel = essen, Speise) für „hastig, tüchtig essen" ist allgemein pfälzisch. — *Märi* = frz. *mairie*, Bürgermeisteramt, soll noch in Landau ab und an zu hören sein, hoffentlich verschwindet dieses Überbleibsel aus der traurigen Franzosenzeit bald gänzlich, wie z. B. *Ress'rör* = *recereur* für „Einnehmer" jetzt wohl schon meistens erloschen ist. *Madinee* nennt man in und bei Landau den Kleiderausklopfer, der auch als Züchtigungswerkzeug von gestrengen Vätern mit Vorliebe benützt wird. Das Wort wird von Dr. Heeger richtig gedeutet als Entstellung aus frz. *martinet* „Klopfpeitsche",[1]) weitergebildet aus marteau, bezw. veralt. martel (vgl. martelet und den Beinamen Karl *Martell!*) „Hammer". Dieser Martinet ist ein hölzerner Stiel, an dem mehrere Lederriemen befestigt sind.

Die Vorrichtung zum Bremsen, die sich hinten an einem gewöhnlichen Wagen befindet und gedreht wird, und die wie ein Radschuh wirkt, heisst bei unsern Bauern überall die *Mick*, bes. häufig „die Mick uff- und zudre'e (drehen)." Das sonderbare Wort blieb mir dunkel, bis ich das z. B. in der Frankenthaler Gegend in gleicher Bedeutung gebräuchliche *Mick'nick* (die) kennen lernte. Denn in diesem steckt ohne Zweifel frz. *mécanique*, ein Wort, das unter anderm auch in

---

[1]) Zur Ausstossung des r vor t und d vgl. Scheddrung für Cherdron, hassediere f. hasarder, padérr f. par-terre!

konkretem Sinn „Triebwerk" bedeutet. Die Zurückziehung des Tons hat auch hier Schwund des Vokals der vorletzten Silbe und Zusammenziehung des Wortes in ein zweisilbiges bewirkt; das i der letzten ist durch sog. Epenthese (ähnlich wie beim deutschen Umlaut!) rückwirkend anstatt é in die stark betonte Hauptsilbe eingedrungen. Aus „Micknick" ist dann durch volkstümliche Verkürzung das bequemere Wort „Mick" entstanden. Ganz ähnlich ist bei uns im Volksmund das Fremdwort *delirium* (tremens) kurzweg in *Dir* zsgz., z. B. „er hott als 's *Dir*", von einem gesagt, der zeitweise am Säuferwahnsinn leidet. Ähnlich verstümmelt ist „die *Propperänss*" aus *prépondérance* „Übergewicht", jur. Ausdruck für „Vorrecht, erstes Recht, ausbedungenes Anrecht erster Hand" auf etwas, z. B. bei einem Verkauf oder Rückkauf. Stark im Gebrauch als Name für Katzen ist *Minnee* oder *Minnell (ehe)* = frz. *minet* und *minette*; dagegen sagt man nicht Minette für Minchen, obwohl Báb(w)ett(e) und Jeannette, gespr. Schännett, (nicht aber Annette!) als Kosenamen für Barbara und Johanna recht beliebt sind. Auch *Minne-Kätzel* (vgl. ob. Bläsiervergniege!) hört man oft. Das deutsche Wort „Minne" = Liebe kennt unser Volk gar nicht. Landauerisch ist *Muffler*, z. B. „er isch e rechter Muff'ler", d. h. Manschler, oder „er versteht sich uff's muffle" = er kann ganz gehörig essen. mir von Dr. Heeger mitgeteilt und von ihm sicher richtig erklärt als fz. *moufleur* einem die Backen zusammendrücken, J. bei Mund und Nase anfassen, vgl. mouflard Bausback. Die Bedeutung des Wortes ist also, wie man sieht, in der Pfalz ein wenig anders gewendet. Ein richtiger Landavismus ist ferner *Mullafür*[1] — jemand, der sich alle möglichen Geschäfte macht, der sich in alles mischt, also ein naher Verwandter des oben vorgestellten *Barlewu*, nach Dr. Heegers

---

[1] U statt i ist wohl aus der bei Lippen- und Gleitelauten häufig eintretenden Verdunkelung des Vokals zu erklären. Wäre die Heimat unseres Wortes nicht Landau, sondern ein Ort in Niederdeutschland, so könnte man leicht an Einwirkung von *Maul-affe* denken. *Lexer* I 2222, *Andresen* 9. So aber empfiehlt es sich, jede Beziehung zwischen Mullaffär und Maulaffe von der Hand zu weisen.

zutreffender Erklärung umgebildet aus „*mille affaires*", ein *Mullafär* ist „*un homme de mille affaires*", der jederzeit tausend Geschäfte zu besorgen hat. Zu vergleichen ist der überaus ähnliche Ausdruck bei Horaz: „cui *mille negotia* semper per caput et circa saliunt latus." Der Münchener hat für einen solchen Menschen die nette Bezeichnung „G'schaftlhuber". In Landau und, wenn ich nicht irre, auch anderwärts hört man oft den Ausruf „*O mündjee!*" d. i. offenbar *ô mon Dieu!* — o mein Gott! (volkst. „meingott" als ein Wort!). Vgl. den bekannten gemeindeutschen Ausruf des Schmerzes und des Bedauerns „*O Jemine!*" und hierüber sowie über *Sapperment, Sackerlot, Pot:* Tausend u. dgl. Beteuerungen, die auch bei uns eingewurzelt sind, Andresen 374—376. Der Fluch *Sackernimdidjee*[1]) und *Sackerdinündidjee* — *sacré nom de Dieu!* „heiliger Name Gottes!" kommt noch hie und da vor; es wäre zu wünschen, dass er bald ganz ausser Gebrauch käme. Hört man auch ausserhalb des Bereichs von Landau *Musch* d. i. *mouche*, eigtl. „Fliege", als Schimpfwort für ein hässliches Frauenzimmer? Diese Bdtg. des Wortes lehnt sich an die von Sachs als selten und der niedern Volkssprache angehörig bezeichnete: „hässlich, langweilig und lästig" (wie eine Fliege) an. Anstatt „Ich dank' schön" hört man um Landau herum häufig „ich bin aach (auch) *oblischiert*" — verbunden, je suis *obligé*. Statt „Danke!" sagt der Mann und die Frau aus dem Volk und auch viele Gebildete in der ganzen Pfalz gern „*merssi*" = *merci!* Daneben kommt im Westrich auch vor: „ich sein (bin) aach *merssi*", wie wenn merci ein Adjektiv wäre. Als Grusswort beim Abschied ist *Adjee* (oder *Adjees* saa'n — sagen) bei Hoch und Nieder in ständigem Gebrauch.[2]) So wirkt in diesen Höflichkeitsformeln die alte Gewohnheit lange nach. Dagegen beim Kommen heisst es

[1]) Über die Verdunklung des o zu u zwischen n u. m s. oben zu *Nombro* S. 40 A. 1!

[2]) Häufig „wünsch Adjee", „wünsch recht Adjee" oder kurzweg „Adjee(s) a (auch)." Der Ton liegt z. B. in der Donnersberger Gegend ganz entschieden auf der vorletzten Silbe.

nur „Gu(t)'n Dach (= Tag)! Gu(t)'n Morje! *Bonjour* ist schon lang abgestorben, wird gelegentlich im Scherz gesagt: *büschür*. In der Westpfalz ist meines Wissens völlig unbekannt und ungebräuchlich die Landauer Redensart „Adjee *Panje*, de Korb is futsch!", die vielfach angewendet wird, besonders wenn es sich um das Zerbrechen eines Gegenstandes oder um einen Geldverlust handelt (ähnlich sagt man auch sonst „Adjee *Bardie*! (Partie), d. h. Lebwohl Sache! (Partie) die Partie ist verloren, da ist nichts mehr zu wollen!"). Wir haben hier augenscheinlich vor uns fz. *Panier* (l. *panarium* Brotkorb) „Korb" in dem beliebten frz. Sprichwort: „*Adieu panier, vendanges sont faites*" — „Lebwohl, Korb, die Weinlese ist gehalten!", im Sinn von: die Sache ist zu Wasser geworden, die Vorbereitungen waren vergeblich. Merkwürdig ist an dieser Landauer Redensart, dass neben dem frz. Ausdruck die sinngetreue wörtliche Übersetzung steht und beides zusammen formelhaft als ein Ganzes gesagt wird. *Panz* für Bauch, Wanst, pöbelhaftes Wort, z. B. „er hott de Panz voll", hat sich das Volk auch als *Panzer* zurechtgelegt, z. B. „er hott sich en orndliche (ordentlichen) *Panzer* angeachelt" (s. ob. z. achele, achile!), ist nicht etwa in neuerer Zeit aus dem Französischen entlehnt (*panse* Wanst, Pansen), sondern schon im Mhd. vorhanden: *panze* swm. aus lat. pantex, mlat. pancia, fz. pance (Panzer == panzier, panzer, aus mlat. pancerium, panceria, it. panciera eig. der den Unterleib (panze) bedeckende Teil der Rüstung Wackern. Umd. 45). Das frz. Ztw. *partager*, teilen, hat man halb umgedeutscht in *ver-baddeschiere*, d. h. vergeuden, verschwenden, z. B. sein Vermögen (r vor t == d ausgestossen!), was ich hie und da auf dem Land im Westrich und in Rheinhessen hörte. In der Vorderpfalz ist üblich der Ausdruck *Passpardü* (p = b) == *passe-partout* d. h. Hauptschlüssel, mit dem man überall durchkommt, vgl. frz. Sprichwort *l'argent est un bon p.* = Geld öffnet alle Thüren. *Passpor* (p == b) == *passeport* sagt man noch öfter im Volk (Vorderpf.) für Reise-Pass, Geleitschein. Eines der bei uns am meisten gebrauchten frz.

Wörter ist *bardū* — *partout* im Sinn von „durchaus, unter allen Umständen, mit aller Gewalt", z. B. „er will's bardu hawwe (haben), er dud's (thut es) bardu net" = durchaus nicht. Auffallend ist, dass diese Bedtg., welche das Wort übrigens auch in Franken und Bayern hat, dem lat. *per tota* „durchaus" näher steht als der französischen, die eine ausschl. örtliche ist — „überall". Mit Rücksicht hierauf zweifelt Schmeller Bayr. Wtbch. 1, 403 sogar die Identität von *pardu* und *partout* an und vergleicht amsterd. — fries. *perdoes* (aus frz. perdu, it. perduto, auch pordios, pardieu?), doch wohl mit Unrecht. Mir kommt der Bedeutungswechsel nicht so unbegreiflich vor. In der Zweibrücker Gegend nach der Lothringer Grenze hin sagt das Volk *p(b)oweie* für „pflästern", *Poweier* (der) „Pflästerer". *Powei*-steen Pflasterstein, bei Landau heisst es ohne Vokaltrübung *paweie*, Part. *ge-paweit* „gepflästert", vom frz. *paver* (l. pavire, pavimentum) pflastern, *paré* Pflaster(stein). In der Vorderpfalz kennt das Volk die Redensart *peresspä* d. i. *par respect* im Sinn von „mit Respect zu melden", im Westrich habe ich sie noch nicht gehört. Das Wort *Präsent* „Geschenk", das sich auch in der gewöhnlichen Schriftsprache Bürgerrecht verschafft hat, ist allgemein pfälzisch und schwerlich erst in neuester Zeit eingebürgert, da schon im Mhd. présent(e), prisente aus frz. *présent* (vom lat. praesentare) sehr häuffg begegnet Lexer II 292. Das Nämliche hat zu gelten von dem stellenweise in der Pfalz und auch in der Alzeyer Gegend üblichen Wort für „Haftort, Gefängnis": das *Presun* oder *Prisun* = mhd. prisûn, prisune stf. und prisûn stn. aus mlat. prisuna, frz. prison vom lat. prehensio, prensio „Ergreifung". Das dritte Wort in diesem Bunde ist „das *Profeet*", sonderbarerweise genau so gesprochen und betont wie „Der Prophet", in verschiedenen Gegenden der Pfalz bei den Bauern gebräuchlich statt „Abort, Abtritt". Wie das t im Auslaut beweist, kann Profeet nicht das herübergenommene neufrz. privé sein, vielmehr erscheint das Wort schon im Mhd. als privêt, privête (das), daneben prifêt(e) und prevâte¹) (die) aus mlat. privata (d. h. sepáriert, heimlich) zu erg. camera, priveta und privatum (Neutrum!), altfrz. priveit, frz. privé (cabinet privé). Seltener hört man auf dem Lande für „Abort" *Rederad* ²) == frz. *retirade*, das aber im Französischen nur die Bdtg. „Verschanzung hinter einem Werke, Abschnitt" hat. In neuester Zeit hört man auch z. B. auf Bahnhöfen und in Gasthäusern die leise andeutende Bezeichnung „der *Issi*" = ici! Auch „das *Seyreet* oder *Sigreet*", oder kurz z. B. „uff's *Gret* gehe", wird auf dem Lande noch hie und da für „Abtritt" gebraucht, ebenfalls schon alt == mhd. *secrête-êt* (das) 1. Geheimsiegel, 2. heimliches Gemach; Sachs verzeichnet unter *secret* Nr. 5 nur die Bdtg. „verborgener Ort" ohne diese bestimmte Beziehung. Die Landauer sagen *Patt* für „Pfote", gebrauchen das Wort aber auch für „Hand", z. B. (zu einem Kind gesagt): „Geb mer dein *Patt*!" Im derben Scherz sagt der Pfälzer sonst auch *Poot* == Pfote im gleichen Sinn für „Hand". Da im Mhd. *pfote* fehlt und eine deutsche Nebenform zu Pfote wie Pfatte oder Patte nicht vorhanden zu sein scheint,³) so bleibt kaum etwas anderes übrig als Patt für ein Lehnwort == frz. *patte*, Pfote, zu halten.

*Rammass* ist ein Name, den man oft Jagdhunden gibt, == eig. Imperativ vom *ramasser*: „raff auf, such zusammen!"⁴)

---

¹) Ob der Anklang an das Wort „Prophet" den Wechsel von i u. o mitbewirkt hat, lasse ich dahingestellt, zur Erklärung des Übergangs von e in o' reicht hin die Analogie z. B. von Woche aus ahd. woha neben älteren von wëhha u. ä.

²) „Sich *rederiere*" == se retirer, sich vor e. Gegner, e. Gefahr zurückziehen, um sich zu sichern, ist in der That sehr gang u. gäbe. — In Mittelfranken nennen die Bauern den Abort auch *Retered* (Mitt. meines Koll. Dr. *Vogel* in Nürnberg).

³) Nach F. *Kluge* Et. Wtbch. d. dtsch. Sprache bleibt es ungewiss, ob das romanische Wort die Quelle des deutschen ist. Im Franz. bedeutet patte familiär auch „Hand", Pl. „Fuss". — Unser „*Patsch*"-hand hängt wohl auch hiermit zusammen.

⁴) Ein anderer häufiger Zuruf an Jagdhunde ist: Cherche, apporte! Auch hört man: „Such's *Aportel-che*!" == das, was der Hund herbeizubringen hat.

Das Ztw. selbst „*rammessiere*"¹) gebraucht man vielfach (mehr in der Vorderpfalz) für „auflesen, aufheben", z. B. „die Fraa rammessiert ebbes (etwas – – sehr) im Haus 'erum", d. h. sie hebt Sachen auf, stellt sie hin und bringt sie in Ordnung (für letztere Thätigkeit ist das eigtl. Wort *rauschiere* = *ranger*, ein Lieblingswort des Pfälzers, das von Personen wie von Sachen gebraucht wird)²). Ironisch sagt man auch z. B. von einem Kind, das alles recht durcheinanderwirft, etwa: „Guck emol, wie der Kleen (Kleine) dó rammessiert!" Daher steht auch weiterhin „*ver-rammessiere*" für (Gegenstände) verderben – *verschammeriere* d. i. verschänden. *Rabbordiere* = *rapporter* Bericht, Meldung erstatten, gehört bekanntlich auch der hochd. Schriftsprache an. In der Germersheimer Gegend kennt man *Rabbór* = *rapport* in der engern Bedeutung „Protokoll". Vielfach gebraucht man auf dem Land den aus dem code civil stammenden Ausdruck *Brossewer(e)bal, Brosseverbel* = *procès-verbal* im Sinn von „Protokoll".³) In Landau ist *Rampar* = *rempart* für „Wall" noch stark im Gebrauch, ebenso die Bezeichnung *Reduit. Rawitsch* (die) für „Durcheinander, Unordnung" = *ravage*⁴) „Verheerung, Verwüstung" ist ab und an im Volksmund noch

---

¹) Über die Herleitung des bekannten Wortes „*Ramsch*" von ramasser s. *Söhns*, die Parias unserer Sprache, Heilbronn 1888, S. 38 u. 39, vg. auch *Vilmar* Idiotikon von Kurhessen S. 314.

²) Vgl. „e *rauschierdes Mädel*", d. h. ein Dienstmädchen, das auf Ordnung und Sauberkeit („*propper*" = sauber u. *Proppertät* = sind in der ganzen Pfalz üblich, *malpropper* „ohne Sinn für Sauberkeit, unreinlich" weniger häufig) etwas hält = rangé, -ée ordentlich, solide.

³) Das Wort *Protokoll*, gesp. *Brodególl*, ist hierzulande den Leuten aus dem Volke weniger in seiner eigentlichen Bdtg. = amtliche oder gerichtliche Verhandlung, Verhandlungsschrift = oder bericht geläufig und verständlich als vielmehr im Sinn von „Strafanzeige = befehl = urteil," bes. häufig „e Brodegoll mache, kri'e!"

⁴) In diesem Worte wird g vor e mehr wie das it. c oder j vor weichen Vokalen, also tsch, dsch, ausgesprochen, ebenso in *balladsche* „viel plaudern, schwätzen" im Wortverzeichnis zu *L. Schandeins* „Gedichte in Westricher Mundart" 1. Ausg. Stuttg. u. Tüb. 1254 *balljasche* also mit etwas mouillierter Aussprache, geschrieben u — unrichtig! — Durch „hitzig sich *balgen*," (sic!), eifern erklärt. Es kann unter Umständen so viel wie „hitzig oder eifrig sprechen" bedeuten. Es ist von

lebendig, gehört aber zu den Wörtern, die in nicht allzulanger Zeit verschollen sein werden. Das sinnverwandte, nicht eben häufige (vorderpf. u. Donnersberg) *Bredúllje* == *Trubel* -= *trouble*, „Durcheinander, Lärm, Stimmgewirr, ähnlich: z. B. in Wolls Gedicht: „Der Worschtmark: „Ich kumm 'aus der *Bredulje* 'raus") ist das fz. *bredouille* Matsch, doppelte Partie u. fig. in einigen Redensarten verwendet, ist aber hinsichtlich seines Sinnes offenbar an bredouiller „die Wörter verschlucken, schnell und undeutlich sprechen" angelehnt, und hieraus hat sich die angegebene Bdtg. entwickelt. Man versteht darunter auch „Verlegenheit, Klemme", z. B. „dem hann ich aus der Bredullje g'holf, der war arig in der Br." In Landau und sonst in der Vorderpfalz ist *Rebreman* (nasaliert!) beim Volk gebräuchlich für „Verweis", z. B. er hott e R. kriegt — eine „Nase" bekommen. In der Westpfalz habe ich es nur vom Gebildeten als: *repremand* (mehr ein e als ein i!) -- fz. *réprimande* gehört. Auch in Mittelfranken ist dem Volk *rebremendiren* für „rüffeln" — réprimander geläufig, wie mir mein Freund Dr. Vogel schrieb. Den Ausdruck (der) *Rail*, genauer *Reul*, für „enger Pfad" zwischen zwei Häusern, „schmales Gässchen", das gewöhnlich nicht als Durchgang für Personen dient, kennt man in Landau und sonst in der Vorderpfalz wie im Westrich, z. B. in Otterberg. Es ist nach Dr. Heegers richtiger Erklärung unzweifelhaft frz. (la) *ruelle*, Gässchen, demin. von rue „Strasse" in fehlerhafter Aussprache. Öfter kann man hören „sich *rebressicre*" == sich schadlos halten. Gleiches mit Gleichem vergelten. Dies ist nicht *represser* „von neuem drängen", sondern, wie die Bedeutung ausweist, ein von *représailles* „Gegenmassregeln" („*Repressalien*" kennt bei uns nur der Gebildete!) in gleichem Sinn mit Verkürzung weitergebildetes Ztw., vg. fz. représailler. Sehr verbreitet und beliebt in der ganzen Pfalz ist *reweille* == fz. *réveiller*, z. B. frz. *parlage* „Geplapper, Geschwätz" abgeleitet, ohne dass es im Frz. ein Ztw. parlager gibt. Auch *Ge-balladsch* „Geplapper, lautes Durcheinander == plaudern" == *parlage* mit undeutschendem ge- hört man im Westrich manchmal.

„wanner als nachts im e Stiwwer (Stüber — leichter Rausch) heemkummt, *rewellt er* im ganze Haus rum", d. h. er *rumort* herum, macht alles aufrührerisch oder „*rewellisch*", wie man auch gern sagt. Dieses Adj. kommt nicht etwa von *Rebell* (der gemeine Mann kennt dieses Wort höchstens flüchtig vom Zeitungslesen), sondern ist von dem Subst. *Rewéll* (die) — fz. (le) réveil vielmehr = réveil(le)-matin Trommelschlag zum Wecken, sich auch des Ausdrucks „Tag*rewell*" sowie der Wendung „*Rewell*schlagen" für „Lärm machen, sich rühren, sich lebhaft beschweren, lauten Widerspruch gegen etwas erheben." Auch „einen aus dem Schlaf *uff-rewelle*" ist häufig. Zugrunde liegt der militärische Ausdruck „die *Reveille*" (mit verändertem Genus gegenüber le réveil). Geschichtliche Rückerinnerungen weckt der beachtenswerte *Landarismus Ruchmantel*, ein Zwitterwort, halb deutsch, halb französisch: „Das isch e Ruchmantel" bed. „ein verschmitzter, gefährlicher Mensch, vor dem man sich hüten muss", oft nähert sich die Bdtg. derjenigen des Wortes „*Schlemihl*", wenn man mit Dr. Heeger darin eine Nachbildung — die zur Hälfte Übersetzung ist! — von fz. *rouge-manteau,, Rothmantel*" sieht. Bei Sachs findet sich dieses Komp. übrigens nicht. Dr. H. meint, es stamme jedenfalls aus der Zeit, wo die „*Rothmäntel*" der Schrecken der Landauer waren." Soviel ich weiss, waren die *Kroaten* [1]) im dreissigjährigen Krieg die Rothmäntel. Ob auch noch andere Rothmäntel in späteren Zeiten in die Pfalz kamen, diese Frage mögen bessere Kenner der Kriegsgeschichte, als ich einer bin, beantworten. Das einzige, was der dieser ansprechenden Deutung hinderlich scheint, ist, dass kein Grund für die auffallende Vertauschung von sch mit ch in der pf. Aussprache des fz. rouge zu erkennen ist. Sollte dieser vielleicht im Anklang an *rûch*, Nbf. rouch, rûhe, die mhd. Form des nhd. *rauh*, zu suchen sein?

---

[1]) Vg. über die kosende Bezeichnung „kleine *Krabaten*" d. i. eigtl. „Kroaten", die nicht blos in Norddeutschland, sondern auch im bayer. Franken volksüblich ist, *Sükus* „Die Parias unserer Sprache" S. 22 u. 23 u. *Vilmar* S. 222 zu „Krabate" Bez. grösserer, unruhig herumlaufender Kinder.

Dann müsste aber zuvor feststehen, dass in und bei Landau neben rauh auch die Aussprache rûch oder rouch im Volksmund vorkommt. Falls sich dies so verhielte, könnte man Rûch-mantel d. i. „Rauh-mantel" als gut deutsch ansehen, vg. mhd. rûch-gemal „rauh, hässlich," rûch-knecht Handlanger; denn einer mit einem rauhen, zottigen Mantel, ein recht grober, struppiger Kriegsmann konnte sich wohl im Lauf der Zeit in der abgeblassten Vorstellung des Volkes in einen verschlagenen Menschen, dem nicht zu trauen ist, verwandeln. Ein solcher Bedeutungswechsel wäre keineswegs unwahrscheinlich und unerhört. Ob sich wohl der Ausdruck auch in andern dtsch. Mundarten findet? *Salfeet* für *Serviette* ist auch in Franken u. Altbayern einheimisch wie bei uns, vg. bayr. *Salvater*wurst für *Cervelat*wurst (in der Pfalz: Serwelad-Wurst u. kurzerhand *Sérvela*) Andresen 123, Schmeller B. Wtbch. 2, 272. *Süsiere* für wegnehmen in Landau, im code Napoléon bedeutet *saisir* pfänden. *Sófgard = sauvegarde* nennen die Landauer die Sicherheitsmannschaft, die in die Tanzlokale geschickt wird, um Ruhestörungen zu verhüten. Der allezeit schlagfertige Volkswitz hat daraus eine *Sauf-garde* gemacht, wie er z. B. Amerika in *Malerika* (an das oft gebr. *malheur* = leichteres Unglück, angelehnt) oder den cul de Paris in eine *Kittelbatterie* scherzweise umgedeutet hat. Warum man fz. *sottises* im gleichen Sinn: „Dummheiten", auch soviel wie in *Sordise* „Vorwürfe" (Landau) umgewandelt hat, weiss ich nicht zur Genüge zu erklären, da einerseits für eine sog. Dissimilation kein rechter Grund einzusehen ist, andererseits von Begriffsannäherung an das nahe anklingende *sortieren* keine Rede sein kann. Den gleichen lautlichen Ausgang zeigt *Malise* (Pl.) = frz. *malice(s)* Bosheiten, Tücken, hinterlistige Anschläge, ziemlich häufig. Am Donnersberg tituliert man, doch ohne durch den Spott verletzen zu wollen, eine alte Jungfer mitunter „aldi (alte) Schabéll[1]) = *chapelle*, Kapelle. Dies ist ein

---

[1]) In manchen Dörfern der Vorderpfalz, z. B. in Westheim, nennt man den aus Blumen bestehenden Hochzeitskranz der Braut *Schäpel* d.

hübsches Seitenstück zum Studentenausdruck: „Altes Haus". *Schámass* sagt der Pfälzer, um einen baumwollenen oder halbseidenen, gestreiften Stoff zu bezeichnen = *siamois* „siamesisch". Vgl. mhd. schamelât-ôt = *Camelot*, ein Zeug aus Kamelhaaren, und Schalótte (allium Ascalonicum) = frz. échalotte, span. escalona, it. scalogno, Asch-lauch, d. h. von der Stadt Askalon stammender Lauch, bei uns in *Schlotte* zusammengezogen u. a. m. *Schasse* = *chasser* für „jagen, vertreiben" ist allgemein pfälzisch, hat aber ziemlich verächtlichem Sinn. *Schicke* [also gleichlautend mit dtsch. schicke(n)?] für Tabakkauen = frz. chiquer ist ein Landavismus, von dessen anderweitigem Vorkommen mir nichts bekannt ist. *Schberánze* allgemein pf. bedeutet „leere Hoffnungen", auch *Schbaránze* kann man hören; Speranze-macher ist einer, der vielen Mädchen Hoffnung auf Heirat macht, aber sie nicht erfüllt. Ich zweifle nicht, dass dieses Wort aus frz. espérance(s) verstümmelt ist. Andresen 149 kennt *Speranzien* in der etwas abweichenden Bdtg. „Komplimente, Weitläufigkeiten", wofür es auch *Spargimente* = pfälz. Spargelmente oder Sparjemente, vom it. spargimento „Zerstreuung", heisst, will aber auf „eine undeutsche Ableitung von sperren bezug nehmen", meiner Ansicht nach ganz mit Unrecht. *Schinni* (das) = frz. *génie* gebraucht das Pfälzer Volk nicht in dem Sinn, den das Wort im Schrifthochdeutschen hat, sondern in der etwas abgeschwächten Bedeutung (grosse) „Begabung" für etwas, jedoch kann es auch geradezu den Mangel derselben bezeichnen, ist also eine sog. vox media oder neutra und deckt sich begrifflich öfter ganz mit „Charakter" oder „Individualität", z. B. „sein Schinni iss halt emol so." *Schbuliere* d. i. spuliere, bes. 'erumspuliere, in Landau und wohl auch sonst noch im Schwung, wird von Dr. Heeger treffend als Verkürzung, bzw. Verdrehung aus fz. *spéculer*

i. noch ganz das mhd. schápel, schäppel (Nbf. tschapel, auch tsappel, hinsichtlich des Anlauts zu vergleichen mit mhd. schanzûn = tschanzûn für chanson und pf. balladsche u. Kawatsch s. ob.!) Kranz von Laub oder Blumen als Kopfschmuck bes. der Jungfrauen, aus mfz. chapel, fz. chapeau vom mlat. capa (Kappe).

= spekulieren gedeutet. Die Bdtg. des Wortes ist jedenfalls in etwas weiterem Sinne als im Franz. zu nehmen = neugierig, vorsichtig sich umschauen, hin und her überlegen. *Stäsch* — frz. stage (mlat. stagium v. stare) ist in Landau noch üblich zur Bezeichnung des Vorbereitungsdienstes für die juristische Praxis, früher war das Wort auch in Zweibrücken gebräuchlich. Gegen früher in Rückgang gekommen ist der Gebrauch des Wortes *düdswitt* (daraus entstellt mitunter *dudswick*) „sogleich, auf der Stelle" = tout de suite. *Tok* heissen die Putzmacherinnen wohl überall, nicht bloss in der Pfalz, eine besondere Form weiblicher Hüte = frz. *toque* Hut, vgl. *toquet* Haube. In der Vorderpfalz ist dem Volksmund recht geläufig das aus frz. *travailler* entlehnte, aber des gewöhnlichen Ausgangs der Fremdzeitwörter „iere(n)" bare, also vom Volk halb als deutsch empfundene Ztw. *drawälle*, besonders häufig in Verbindung mit „herum" — *rumdrawalle* soviel wie „herumhantieren, sich abmühen, sich abschaffen", im Westrich, wie es scheint, selten. Das anklingende niederdeutsche *trevellieren* „plagen, quälen" führt Söhns[1]) auf travailler zurück, ich glaube, dass eher lat. tribulare = tribulieren dahinter steckt.

Wer die stattliche Zahl der von mir besprochenen, aus dem Französischen stammenden Wörter ansieht, die, zum Teil seit langer Zeit, in der Pfälzer Volkssprache Bürger- oder Gastrecht besitzen, und dazu bedenkt, dass die hier vorgeführten noch lange nicht alle im Pfälzer Sprachschatz vorhandenen Fremdlinge aus Frankreich ausmachen, könnte wohl die Ansicht gewinnen, unsere Mundart sei denn doch bis zum Übermass von wälschen Bestandteilen durchdrungen und bedürfe dringend der Errettung aus solcher Verrottung und Verwälschung. Hiegegen ist zu bemerken, dass auch die andern linksrheinischen Mundarten sehr Vieles, vielleicht ebensoviel, aus dem Französischen entlehnt haben, und dass es keine Mundart im ganzen deutschen Reich, sowie in

---

[1]) Die Parias unserer Sprache" S. 105, vg. meine Besprechung dieser Schrift in den Bl. f. d. Bayr. Gymn. Jahrg. 1889 S. 532—36.

Deutsch-Österreich gibt, die nicht eine grössere oder kleinere Anzahl französischer Wörter in sich aufgenommen hätte. Beruhigen wir uns! Schon einmal, zur Zeit, als das Rittertum in Blüte stand, war unsere Sprache, d. h. insonderheit die Sprache der höfischen Dichter, stark von romanischen Wörtern durchsetzt. Diese Fremdwörterhochflut verlief sich indess mit der Zeit, später, im 17. und 18. Jahrhundert, brach eine zweite noch viel mächtigere über unsere Sprache herein, konnte jedoch ihren Grundbau, ihren deutschen Kern nicht zerstören. Hoffen wir daher, dass es in der Gegenwart dem wiedererstarkten Nationalbewusstsein und dem zugleich mit diesem neu gekräftigten Sinn für die Reinheit und Würde unserer herrlichen Muttersprache gelingen möge, immer weitere Kreise unseres Volkes von dem Gebrauch überflüssiger **Mode-Fremdwörter** abzubringen und an verständnisvolle Pflege der Eigenart der deutschen Sprache zu gewöhnen! Gegen diejenigen verhältnismässig nicht sehr zahlreichen **älteren Fremdwörter** hingegen, die dem Volk nicht durch die Zeitungen u. s. w. angeflogen sind, sondern die es von den Vorfahren ererbt und teilweise sich zu eigen gemacht und umgedeutscht hat, übe man lieber einige Nachsicht und erhebe keine zu laute Klage, dass sie sich nicht über Nacht mit Stumpf und Stiel ausrotten lassen. Diese haben durch ihr Alter, durch ihre Geschichte ein gewisses Anrecht auf Duldung erworben. Viele von ihnen sind ja ohnehin im Hinschwinden begriffen, mit der Zeit werden sie schon fast alle von dem immer mächtiger sich regenden deutschen Sprachgefühl ausgestossen werden. **Unsere Pfälzer Volkssprache aber ist trotz der französischen Schlingpflanze, die ihre Ranken um sie windet, an Stamm, Krone und Ästen kerngesund und lebenskräftig, denn sie senkt ihre Wurzeln tief in den Mutterboden echtdeutschen Volkstums.**